团结崛起的乌审

阿拉腾图雅 奇海林 杨勇 编著

学苑出版社

图书在版编目（CIP）数据

团结崛起的乌审 / 阿拉腾图雅,奇海林,杨勇编著. -- 北京：学苑出版社,2021.5
ISBN 978-7-5077-6187-0

Ⅰ.①团… Ⅱ.①阿… ②奇… ③杨… Ⅲ.①区域经济发展－成就－乌审旗 Ⅳ.①F127.264

中国版本图书馆 CIP 数据核字（2021）第 109390 号

责任编辑：战葆红
出版发行：学苑出版社
社　　址：北京市丰台区南方庄 2 号院 1 号楼
邮政编码：100079
网　　址：www.book001.com
电子信箱：xueyuanpress@163.com
联系电话：010-67601101（销售部）67603091（总编室）
印 刷 厂：内蒙古掌印文化科技有限公司
开本尺寸：710×1000　1/16
印　　张：16
字　　数：186 千字
版　　次：2021 年 5 月第 1 版
印　　次：2021 年 5 月第 1 次印刷
定　　价：106.00 元

编 委 会

主　任：额登毕力格　赵飞录　奇海林
副主任：宝音满都呼　郝　伟　杨　勇
委　员：兰　天　苏新发　张志雄
　　　　冯志明　李忠林　阿拉腾图雅
　　　　黄　丹　林永刚　吉日嘎拉
　　　　郭彦飞
主　编：阿拉腾图雅　奇海林　杨　勇
撰　稿：甄自明　于　妍　牧　兰
　　　　袁　燕　钱格祥

序

乌审旗，祖国正北方毛乌素沙海中崭露头角的一颗翠绿宝石。

掀开历史长卷，闻名中外的"河套文化"发祥于乌审旗境内萨拉乌苏河（无定河）流域，7万年前，古人类在此足迹遍地、生息繁衍；秦始皇统一华夏后，咸阳至九原"秦直道"纵贯乌审旗几百里，演绎过"昭君出塞"等一出又一出农耕文化与游牧文化交往交流交融的千年佳话；匈奴英雄赫连勃勃曾定都在这片草原，"统万城"废墟里还时不时出现古战场的刀光剑影和"茶马互市""绢马互市"的海市蜃楼；毛乌素沙地中还有几千年前小叶鼠李的身影，察罕苏力德草原还能领略九斿白纛的昂扬神采；反帝反封建民主革命进程中，"独贵龙"运动风起云涌，这里曾经刮起过各族人民群众推翻"三座大山"的鄂尔多斯风暴……

展开中国地图，母亲河怀抱着鄂尔多斯市乌审旗，流域面积大部分在乌审旗的萨拉乌苏河最终注入黄河，乌审旗是祖国2800多个县（旗）中个头不算小的一个，一万多平方公里的巴拉尔草原四季分明，沙漠大峡谷景观神奇迷人、万亩沙地柏苍雄叠翠、千亩马兰花、百年老柳树、峡谷、水清天蓝。乌审旗被誉为"中国马头琴文化之都""中国苏力德文化之乡""中国蒙古族敖包文化之乡"和"中国鄂

尔多斯歌舞之乡"。

深入乌审草原,看地面,毛乌素似龙一样盘踞在乌审大地,既是挑战,也是机遇;赐给烦恼,也赐给力量;带来忧愁,也带来欢乐。探地下,煤炭、天然气乌金一般存储在草原深处,既是优势,又是潜力。草原上,蓝天白云、水草丰茂,羊似珍珠、牛肥马壮,牧歌悠扬、牧民欢畅,全面小康、走向现代化;城镇中,楼房林立、街阔花香,幼有所育、弱有所扶、学有所教、劳有所得、病有所医、老有所养,交往交流、其乐融融;园区里,机器轰鸣、产销两旺,安全第一、质量为上,创新升级、节能环保,生产学习、相互促进,比学赶帮、争做榜样……

发展未来,生态优先、绿色高质量发展仍然是乌审旗最大、最根本的任务。全旗各族各界应当牢固树立"保护生态环境就是保护生产力、改善生态环境就是发展生产力"的理念,始终保持加强生态文明建设的战略定力,继承优良传统,弘扬治沙精神,把生态环境保护作为一条不可逾越的红线,举全旗之力,努力走出一条以生态文明建设为前提、以经济建设为核心、以文化建设为支撑、以社会建设为基础、以政治建设为保障、以满足人民群众对美好生活的向往为出发点和落脚点的"绿色崛起"之路,努力在现有基础上实现更高质量、更可持续、更有温度的发展。

一二三产业融合发展是乌审旗经济实力的基本支撑。在党的领导下,乌审旗各族人民群众始终坚持一手抓污染防治、一手抓环境治理,让绿水青山充分发挥经济社会效益。一方面,打好打赢污染防治攻坚战。坚持目标导向和问题导向,聚焦蓝天、碧水、净土保卫战,以更大决心、更大力度、更实举措抓重点、补短板、强弱项,加大环保基础设施建设和重大环保项目建设力度,推动工业园区标准化、智能化发展,促进工业"三废"无害化处理、资源化利用,统筹抓好"无废城市"建设和农村牧区垃圾污水处理、厕所革命、村容村貌整治提升,健全完善污染防治长效机制,强化对重点行业、重点领域的执法监管,让天更蓝、水更清、草更绿、空气更清新、老百姓的心情更愉悦。另一方面,持续加强生态保护与修复。坚持底线思维,以国土空间规划为依据,继续把城镇、农牧业、生态空间和生态保护红线、永久基本农田保护红线、城镇开发边界作为调整经济结构、规划产业发展、推进城镇化不可逾越的红线。遵循生态系统内在机理和规律,坚持自然恢复为主的方针,统筹山水林田湖草系统治理,加大毛乌素沙地、无定河流域等重点区域生态修复力度,做到只增绿不减绿。严格执行"三区规划"和草原禁牧、休牧、轮牧制度,持续巩固围封禁牧、退耕还林还草成果,牢固树立"绿水青山就是金山银山"的理念,发扬"蒙古马精神",把绿水青山建得更美,把金山银山做得更大,让绿色成为乌审旗最动人的色彩,让绿色成为乌审旗百姓最普惠的小康福祉。

走进中国特色社会主义现代化建设新时代的乌审儿女听党话、跟党走,始终坚持"五位一体""四个全面",坚决做到"两个维护",在文化繁荣、民族团结、经济发展、法治社会、民生幸福、绿色家园等建设方面,百尺竿头更进一步,紧紧抓好黄河几字湾绿色高质量发展战略的历史性机遇,大力弘扬"吃苦耐劳、一往无前,不达目的决不罢休"的蒙古马精神,为建设亮丽内蒙古,共圆伟大中国梦,撸起袖子加油干,力争早日过上社会主义现代化的美好生活。

编委会

2020 年 6 月 30 日

目 录

第一章　乌审旗概况 …………………………………………… 1
第一节　地理自然环境 ……………………………………… 2
第二节　农牧产业 …………………………………………… 5
第三节　交通建设 …………………………………………… 7
第四节　文化旅游 …………………………………………… 9
第五节　绿色传奇 …………………………………………… 12
第六节　发展成就 …………………………………………… 15

第二章　乌审旗民族团结的历史 ……………………………… 19
第一节　旧石器时代至秦代乌审地区的民族发展史 ……… 20
第二节　汉代、北朝时期乌审地区的民族融合 …………… 23
第三节　隋唐、西夏、宋元时期的民族融合 ……………… 25
第四节　明代的通贡互市与民族融合 ……………………… 28
第五节　清代走西口与民族融合 …………………………… 31
第六节　近代以来乌审旗蒙汉军民的团结互助和红色革命 … 34
第七节　民族区域自治制度的确立 ………………………… 38
第八节　乌审旗民族团结政策的实践 ……………………… 45

第三章 民族团结政策与实践 ·· 51
第一节 内蒙古自治区政策文献 ···································· 53
第二节 市旗政策文献 ··· 79
第三节 推进实践小结 ··· 105

第四章 民族团结典型引领 ··· 107
第一节 民族团结进机关　创新发展谋团结 ·················· 108
第二节 民族团结进企业　协同发展促团结 ·················· 128
第三节 民族团结进社区　共享发展保团结 ·················· 133
第四节 民族团结进乡镇　绿色发展助团结 ·················· 138
第五节 民族团结进学校　特色教育结硕果 ·················· 149
第六节 民族团结进寺院　和谐友爱绽新花 ·················· 153

第五章 民族团结先进事迹 ··· 161
民族团结的"领头雁"
——记全国民族团结进步模范达布希拉图 ·················· 162
民族团结教育的火炬手
——记 2019 年全国民族团结进步模范王金才 ············ 168
草原额吉　时代楷模　中国好人
——记 1983 年内蒙古自治区民族团结先进个人阿拉腾 ····· 175
金陵儿女　草原巾帼
——记 1983 年内蒙古自治区民族团结先进个人沈阳春 ····· 178
战斗在草原的白衣战士
——记 1990 年内蒙古自治区民族团结先进个人王兴成 ··· 181
留守知青　草原巾帼
——记 1997 年内蒙古自治区民族团结先进个人马顺英 ····· 183

畜牧业的致富能手　蒙汉人民的热心朋友
　　——记2002年内蒙古自治区民族团结先进个人色迪 …… 186
民族文化传递员
　　——记2012年内蒙古自治区民族团结进步先进个人其日满拉图
　　………………………………………………………………… 188
做民族团结进步的基石
　　——记乌审旗乌审召镇党委副书记、镇长朝鲁巴特尔 …… 190
农牧民群众的主心骨
　　——记民族团结进步模范个人苏亚拉图 ………………… 194
热血铸盾魂　真情写人生
　　——记乌审旗公安局刑警大队大队长沙楚日勒图 ……… 197
立足岗位　服务人民
　　——记民族团结进步先进个人燕飞世 …………………… 201
爱岗敬业　履职尽责
　　——记民族团结先进个人傲特根锁 ……………………… 204
2017年鄂尔多斯市民族团结先进个人
　　——记乌审旗乌审召镇党委副书记、镇长康锐 ………… 207
2017年鄂尔多斯市民族团结先进个人
　　——记乌审旗委常委、统战部长阿拉腾图雅 …………… 211
2017年鄂尔多斯市民族团结先进个人
　　——记乌云娜老师的先进事迹 …………………………… 214

第六章　民族团结进步创建的经验与启示 ……………………… 217
　第一节　乌审旗民族团结进步创建成功的经验 ……………… 218
　第二节　乌审旗民族团结进步创建成功的启示 ……………… 228

后记 …………………………………………………………… 240

第一章
乌审旗概况

"乌审"为蒙古语,意为"捕捉猎物的网套"。1649年,清朝在蒙古地区实行盟旗制,设置伊克昭盟,下辖鄂尔多斯右翼前旗,俗称"乌审旗"。此后,乌审旗一直沿用。1949年8月10日,乌审旗人民政府成立,但遭遇挫折。中华人民共和国成立后,1950年8月25日,乌审旗人民政府再次成立。2001年,撤伊克昭盟设立鄂尔多斯市,乌审旗属鄂尔多斯市管辖。

乌审旗位于内蒙古自治区鄂尔多斯市西南部,地处毛乌素沙地腹地。乌审旗北靠伊金霍洛旗、杭锦旗,西与鄂托克旗、鄂托克前旗搭界,东、南两面与陕西省榆林市榆阳区、横山县、靖边县接壤,处于蒙陕宁经济、能源发展的"金三角"地带。乌审旗区域范围为东经108°17′36″~109°40′22″,北纬37°38′54″~39°23′50″,旗境行政区划东西宽104千米,南北长194千米,总面积11645平方千米,被誉为"内蒙古自治区和鄂尔多斯市的南大门"。乌审旗辖5个镇、1个苏木,分别为嘎鲁图镇、无定河镇、乌审召镇、图克镇、乌兰陶勒盖镇、苏力德苏木;下辖27个嘎查,34个村,13个城镇社区;乌审旗人民政府驻嘎鲁图镇。全旗总人口13.27万人,其中农村牧区人口6.3万人,是一个以蒙古族为主体、汉族占多数的少数民族聚居区。

第一节 地理自然环境

乌审旗地处毛乌素沙地腹部,地势由西北向东南倾斜,海拔一般在1300～1400米。乌审旗境内地貌类型可分为构造剥蚀地形、堆积地形、风积地形、黄土地形、河成地形五类;以形态分为波状高原、梁地、内陆湖淖、滩地(冲积湖积平原)、流动与半流动沙丘、固定沙地、黄土梁和河谷地八种地类。地形分布特点为:大部分为梁地、滩地、沙地相间,北部全为毛乌素沙地沙源,内多有柳丛,伴有沼泽、湖泊70多处;沙漠、滩地、梁地呈西北－东南条带状分布。

乌审旗的土壤类型与其地貌类型相对应,对应梁地、滩地、沙地地貌的土壤类型分别为栗钙土、草甸土、盐碱土或沼泽潜育土以及各类风沙土。乌审旗属于典型草原带,境内的天然植被有栗钙土上发育的地带性植被——本氏针茅群落、柠条灌丛;沙地植被类型有沙地先锋植物群落、油蒿群落、臭柏灌丛、中间锦鸡儿灌丛、柳湾林等;低湿地植被地形主要有河漫滩、湖滨低地、滩地、丘间低地等,盐化草甸为轻盐渍化草甸土上形成的草甸群落,是低湿地植被中面积最大的类型。主要植物群系有三个:芨芨草群系、碱茅群系、马蔺群系。

乌审旗属温带大陆性季风气候。年平均气温6.8℃,全年日照

第一章　乌审旗概况

20世纪80年代的毛乌素沙地

2800～3000小时,年降水量350～400毫米,年蒸发量2200～2800毫米,年平均风速3.4米/秒,无霜期113～156天。乌审旗境内碱水湖泊较多,较大的有浩通音查干淖尔、毛敦查干淖尔、巴嘎淖尔、呼和套勒盖淖尔、苏日淖尔等。湖内盛产天然碱。境内主要河流有无定河、纳林河、海流图河等。

乌审旗境内覆盖层厚度1000米以内含煤面积达7000多平方千米,每平方千米储量1000万吨～2500万吨。煤炭探明储量650亿吨,远景储量1800亿吨。可采煤层4～11层,煤层总厚度10米～31.8

米。煤质为低水分、特低灰－低灰、特低硫－低硫分,高热值－特高热值煤,煤类为长焰煤、不黏煤及弱黏煤,发热量平均在 30250 千焦／千克(7230 大卡／千克)以上,煤层瓦斯含量低。

境内主要划分为呼吉尔特和纳林河两大矿区。乌审旗是鄂尔多斯盆地天然气区的主产地,境内有苏里格气田等四大超千亿方天然气气田,探明天然气储量约 1.2 万亿立方米,远景储量 3.6 万亿立方米。

乌审旗现有水浇地 65 万亩（1 亩≈666.67 平方米）,基本草原 1060 万亩,森林资源 570 万亩,林地 896 万亩,植被覆盖率达 80%,森林覆盖率达 32.9%。乌审旗地表水资源总量 35268.78 万立方米／年。地下水天然补给量为 50155.96 万立方米／年,可开采量为 28291.12 万立方米／年。黄河一级支流无定河过境长度达 91 千米,内蒙古西部最大的水库巴图湾水库坐落于此,全旗水资源总量达 7.75 亿立方米。

第一章 乌审旗概况

第二节 农牧产业

乌审旗大力实施乡村振兴战略,按照"产业兴旺、生态宜居、乡风文明、治理有效、生活富裕"的总要求,牢固树立"强畜、稳粮、优经、扩饲"的发展理念,以加快产业优化升级为重点,以推进供给侧结构性改

鄂尔多斯细毛羊

革为主线,以绿色发展为导向,以产业扶贫为抓手,助力农牧业现代化建设。

截至2018年,农作物播种面积达69.2万亩,草原生态保护补助奖励政策资金面积达1321.02万亩,牧业年度牲畜存栏达210万头只,其中鄂尔多斯细毛羊115万只、生猪21万口、肉牛8.8万头。农牧民人均可支配收入达18129元。

乌审旗畜牧业提档升级步伐持续加快,以"细毛羊、生猪、肉牛"为主的养殖体系基本形成。种植业内部结构不断优化,粮、经、饲比例演变为6:1:3。农牧业社会化服务质量提升,旗乡村三级服务体系基本建成。乌审旗农畜产品质量安全体系保障有力,创建国家农产品质量安全县(旗)。推进农畜产品质量安全追溯体系平台建设,启动建设鄂尔多斯细毛羊羊肉全产业链追溯体系,已集中为鄂尔多斯细毛羊佩戴电子耳标13356只。农村牧区综合改革不断深化,草原和土地确权工作顺利推进。培育农牧业龙头企业51家、农牧民专业合作社707家。农牧业标准化生产水平进一步提高。全旗55万亩水浇地被认证为全国绿色食品原料标准化生产基地,全旗有8.08万亩有机食品生产基地。全旗通过国家认证的有机食品21个,绿色食品23个,无公害食品32个,地理标志产品5个。无定河大米、巴图湾甲鱼、鄂尔多斯细毛羊肉等4个产品荣获第18届中国绿色食品博览会金奖。皇香苜蓿猪肉、毛乌素大枣等15种农畜产品先后被自治区命名为"内蒙古名优特农畜产品"。

第三节 交通建设

乌审旗交通建设牢固树立服务发展、服务产业、服务群众的"大交通"理念,着力打造以嘎鲁图镇为中心,覆盖全旗、连接各苏木镇和工业园区的"半小时经济圈",畅通自治区"南大门"的经济发展道路。

"十一五"以来,乌审旗交通固定资产投资累计完成100多亿元,先后建成乌审召化工项目区景观大道、S215线嘎鲁图至通史段、陶利至昂素一级、S313线兰家梁至嘎鲁图、阿门其日格至小壕图(矿区)公路、嘎鲁图至大草湾、S215线乌审召至嘎鲁图7条柏油公路。

在推进公路建设,积极构建"半小时经济圈"的同时,乌审旗坚持把农村公路、通村道路和街巷硬化建设作为服务农牧业产业发展、方便农村牧区群众出行的一项重要惠民工程来抓。"十二五"以来,全旗累计投入资金8亿多元,新建、改建38条农村牧区公路490千米,基本实现了自然村通油路、水泥路的目标,极大地改善了全旗农牧民的通行条件。截至"十二五"末,全旗公路通车总里程2661.3千米,其中一级公路通车里程470千米,二级公路通车里程105千米。全旗交通运输与经济发展的关系实现了由"基本缓解"向"总体适应"的跨越,境内高等级公路网已具雏形,干线公路承载能力明显增强。

"十三五"时期,乌审旗交通运输已按照推进"四个交通"发展的总要求,以"科学规划、提升等级、完善路网、增加密度、打通出口"为重点,全面推进交通运输事业协调发展,实现各苏木镇、工业园区到旗府嘎鲁图"半小时"通达,推动全旗交通运输与经济社会发展的关系由"总体适应"向"适度超前"跨越,充分利用乌审旗在自治区西部"承东启西、接南纳北"的交通区位优势,为更好地融入全区和区域发展战略而服务。

第四节 文化旅游

乌审旗萨拉乌苏河畔曾生活着鄂尔多斯高原距今14万～7万年前最早的古人类——河套人。唐末宋初时期,以李继迁为首的拓跋党项以夏州地斤泽为基地迅速崛起,后来建立西夏王朝。

萨拉乌苏文化旅游区

元代，这里成为元朝的肥沃牧场和安西王阿难答的避暑胜地,在今三岔河古城设置了察汗脑儿宣慰司。清代,一代蒙古历史巨匠萨冈彻辰在伊克锡泊尔庙撰修完成《蒙古源流》。起源于蒙古游牧时期的乌审旗蒙古族口头诗不断传承,产生了贺希格巴图等著名民间诗人,乌审旗的民间诗歌爱好者从而发扬光大、代代相传。

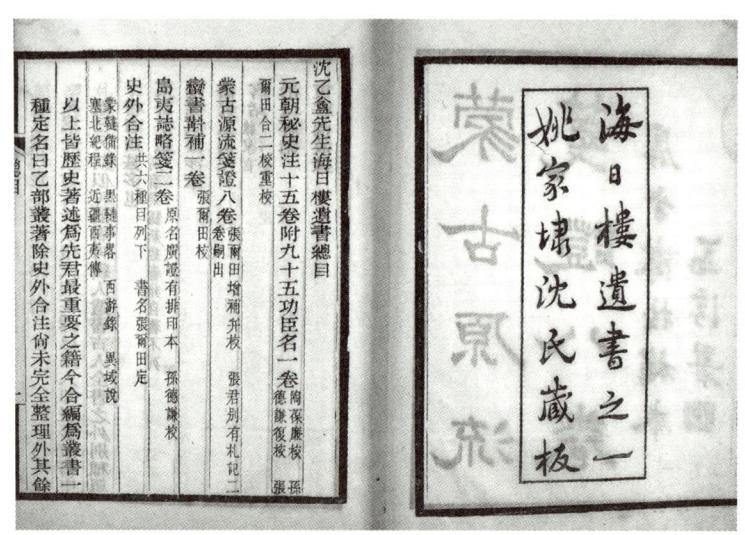

《蒙古源流》书影

截至2019年,乌审旗境内共有各级各类文物保护单位79处,其中古文化遗址5处、古城址4处、古墓群16处、纪念地2处、寺庙5处,还有其他40多处文物遗址点。在这些众多的历史遗存中,有国家级重点文物保护单位2处,即萨拉乌苏文化遗址和"独贵龙"运动旧址;自治区级重点文物保护单位7处,市级重点文物保护单位9处,旗级重点文物保护单位16处。乌审旗保留至今的非物质文化遗产有蒙古族祝赞词、蒙古族口头诗、蒙古族短调民歌、顶碗舞、筷子舞、查玛舞、乌审雅西乐雕刻、马海制作,以及极具地方特色的萨冈彻辰祭祀、十三阿塔天神祭祀、察罕苏勒德祭祀和木华黎祭祀等珍贵的传统祭祀仪式。

由肖亦农先生编写的以乌审旗毛乌素沙地治理为主题的报告文学《毛乌素绿色传奇》，于2012年荣获中宣部全国第十二届"五个一工程奖"，2014年获第六届鲁迅文学奖报告文学奖。1960年成立的乌审旗乌兰牧骑历年来硕果累累，获得了不可胜数的成就和荣誉。2018年，全旗拥有艺术表演团体27个，其中专业文艺团队2个，分别为乌兰牧骑、马头琴乐团，文化馆（群众艺术馆）1个，公共图书馆1个。广播电视事业保持较高发展水平，全旗拥有电视转播台7座，有线数字电视用户33747户，广播电视覆盖率达98%。

乌审大地具有鲜明的自然特色和文化特色。沙漠大峡谷、万亩沙地柏、千亩马兰花、百年老柳树，峡谷叠翠、水清天蓝、景观迷人；萨拉乌苏秘境，有7万年前河套人的足迹，毛乌素沙地有几千年前小叶鼠李的身影，赫连勃勃统万城边可以感受古战场的刀光剑影，察罕苏勒德草原可以领略九斿白纛的昂扬神采。乌审旗被誉为"中国马头琴文化之都""中国苏力德文化之乡""中国蒙古族敖包文化之乡"和"中国鄂尔多斯歌舞之乡"。敖包、寺院、歌舞、美食可遇可求，各具风采，引人入胜。

乌审旗著名的文化旅游区有萨拉乌苏文化旅游区、乌审旗民族文化创意产业园、成吉思汗察罕苏力德游牧生态旅游区、巴音淖尔旅游区、乌兰陶勒盖镇"空中牧场"飞行体验基地。丰富的节庆活动有鄂尔多斯蒙古族民风民俗旅游风情节、世界烤全牛大会、马兰花旅游文化节、乡村文化旅游美食节、冰雪旅游文化节、文贡芒哈沙漠越野赛、乌审马文化产业博览会、"敖伦胡日呼"文艺集会等。

团结崛起的乌审

第五节　绿色传奇

乌审旗位于毛乌素沙地中心区域。毛乌素,为蒙古语,意为"不好的水"。毛乌素沙地是中国四大沙地之一。毛乌素沙地形成的原因可以分为自然因素和人为因素两类。鄂尔多斯高原在距今约6亿年前,

绿色乌审

形成了"鄂尔多斯古海",后由于造山运动的影响,海水退出了鄂尔多斯,才形成了鄂尔多斯盆地和今天鄂尔多斯高原的雏形,故而,海底的沙砾成为鄂尔多斯高原表层土壤的重要组成部分,生态脆弱,如果过度农垦开荒和放牧就会沙化,这是毛乌素沙地形成的自然因素。过度农垦开荒和放牧是毛乌素沙地形成和扩大的主要因素。除新石器时代有零星的刀耕火种农耕活动外,鄂尔多斯地区见诸史籍的农业开垦始

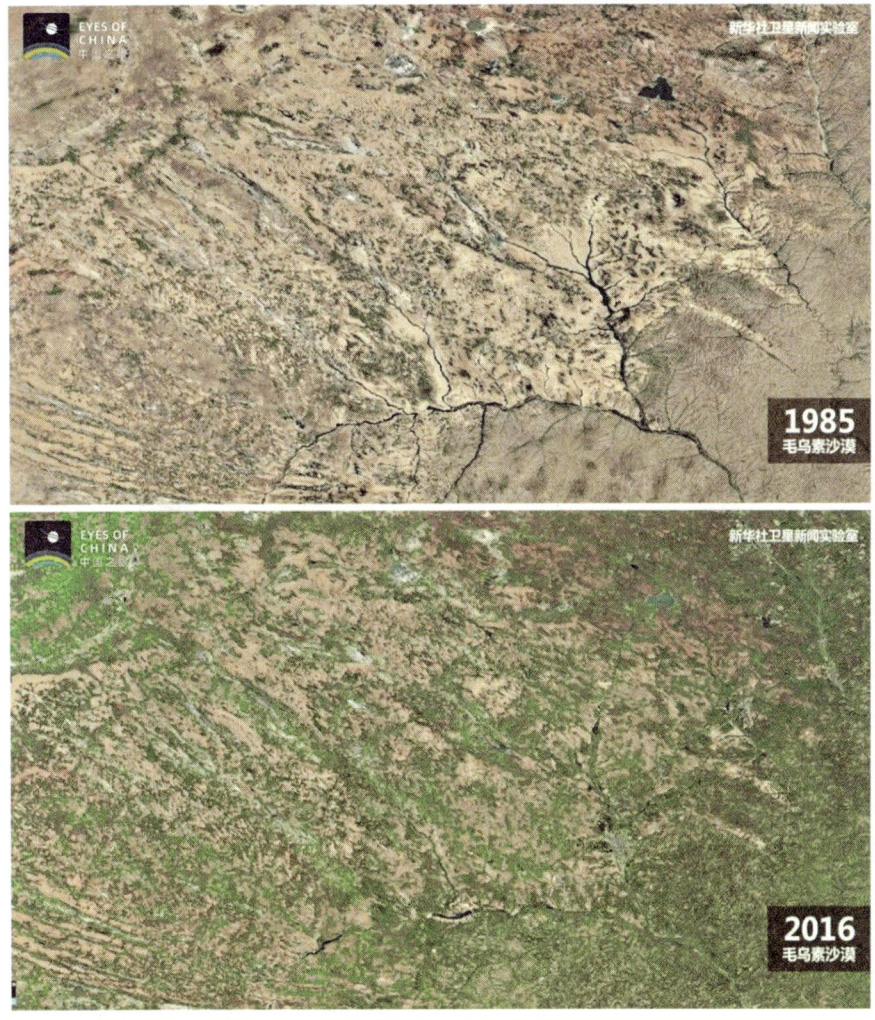

治理前后的毛乌素沙地对比图

于秦汉时期,唐代再次进行过度农业开垦,致使唐代末年统万城附近出现了大片沙漠。尤其是清代光绪末年"贻谷放垦"及民国年间的土地开垦,更加快了毛乌素沙地的沙化进程。中华人民共和国成立后,毛乌素沙地治理成为摆在乌审人民面前的重大课题和难题,先后涌现出宝日勒岱、殷玉珍等治沙英模,发明了"前挡后拉"治沙造林技术,创造了牧区大寨乌审召之不屈不挠的乌审精神;直到改革开放以后,随着"以牧为主""三种五小""禁牧、休牧、轮牧""退耕还林、退牧还草""沙草产业"等政策的实施,加之"三北"防护林建设、农牧业产业化、企业投资第三方治理的新型治沙方式的有效运用,快速推动了"绿色乌审"的进程,毛乌素沙地才得到了有效治理,产生了毛乌素治沙精神和众多的治沙英雄、楷模。"牧区大寨"精神生生不息,毛乌素绿色传奇享誉全国,乌审旗成为全球荒漠化治理在中国鄂尔多斯的成功典范。

2001年7月沙漠治理取得国家林业局嘉奖

第六节　发展成就

乌审旗在 7 个方面特点突出：①天然气是乌审旗最具发展潜力的矿产资源之一。乌审境内有 4 个探明储量超千亿立方米的世界级大型、特大型气田，是全国天然气储量最大的旗县。分布有我国最大的世界级整装气田——苏里格气田，探明储量 8000 亿立方米，约占全国探明储量的 1/3 多。②中煤鄂尔多斯能源化工有限公司图克大化肥项目规模能力为年产 200 万吨合成氨、350 万吨尿素，同时生产 8 亿立方米天然气，总投资 200 亿元，是目前全国乃至世界最大的化肥项目。该项目创造了国内、国际同行业中装置规模最大、建设时间最短、投资控制最好的新纪录。③乌审旗沙地柏灌丛是毛乌素沙地发育较完善、结构较稳定的植物群落，是沙生演替系列达到高级稳定阶段的代表类型之一，是毛乌素沙地植物种类较多、结构较复杂的一种群落，是国内沙地柏灌丛长势最好、面积最大、最为集中连片分布的区域。④建成世界首家利用沙生灌木平茬生物进行直燃发电项目——毛乌素 2×1.2 万千瓦生物质热电厂。⑤国内规模最大的天然气化工项目——博源联合化工公司 100 万吨/年天然气制甲醇项目。⑥中天合创鄂尔多斯煤炭深加工示范项目，是目前世界上最大的煤制烯烃项目，也是国家石油替代战略示范项目,建成后甲醇制烯烃规模将达到360万吨/年。作为特大型煤化工清洁能源示范项目,将为全国、内蒙古及周边相关地区提供大量优质的聚乙烯、聚丙烯产品。⑦阿腾都西在2011年亲手制作了一件名为"那仁苏布德(意为太阳的珍珠)"的银质鼻烟壶,重20.5千克,高92厘米,宽81厘米,并雕刻十二生肖图案,该鼻烟壶被上海大世界基尼斯总部认证为最大的银质鼻烟壶。此外,还获得了"世界纪录协会"颁发的证书,这个鼻烟壶被认定为已知的世界最大的银质鼻烟壶。

乌审旗荣获全国民族团结进步创建示范旗

乌审旗荣获中国十大绿色生态县

乌审旗先后荣膺"中国绿色名县""全国绿化模范旗""全国文明旗县城""国家卫生县城""国家园林县城""全国休闲农业与乡村旅游示范县""全国生态文明标杆旗""全国民族团结进步示范旗",被评为首家"中国人居环境示范城镇""全国生态保护与建设示范区""国家公共文化服务体系示范区"和"中国马头琴文化之都",是内蒙古自治区首家通过ISO 14001环境质量体系国内国际双认证的旗县。

2018年,乌审旗地区生产总值完成387.1亿元,同比增长6.8%;公共财政预算收入完成21亿元,同比增长28.7%;社会消费品零售总额实现40.4亿元,同比增长6.3%;城乡常住居民人均可支配收入分别达到44784元、18263元,同比增长7.7%和9.3%。地区综合实力稳步提升,跃居中国西部百强旗县第7位,中国工业百强县(市)第51位。

第二章
乌审旗民族团结的历史

乌审旗自古以来，就是农耕经济与游牧经济交错的地方，中原农耕民族与北方游牧部族在这里生存、繁衍、碰撞、交融。乌审旗也是多民族交汇的地方，历代以来，匈奴、突厥、党项、蒙古等多个民族都占据过这里，是我国古代游牧民族的根据地和大本营，铁弗匈奴、党项都是从这里发展起来，走向强大，建立了政权。元代以后，蒙古族成为乌审旗的主体民族，在这里生活至今。明代隆庆封贡以后，乌审旗明长城沿线地带的封贡互市和茶马贸易繁盛。清代以后，由于走西口、垦荒、放垦的兴盛，大批汉人来到乌审旗，蒙汉人民在这里交往、融合，谱写了一曲民族融合和团结的交响曲。20世纪初，乌审旗蒙古族、汉族的仁人志士在中国共产党领导下开始了鄂尔多斯高原最早的革命抗争，成为中国共产党民族政策最早的试验田。1949年以后，乌审旗成为我国民族区域自治制度和民族团结政策实践的典范。生活在乌审旗的人民，无论是蒙古族，还是汉族或其他民族，都为乌审旗的经济发展、生态治理、社会进步做出了巨大贡献。

第一节
旧石器时代至秦代乌审地区的民族发展史

鄂尔多斯高原南端的乌审旗正好是年降水量400毫米上下的分界线,也是我国牧区和农区的分界线。2000年以来,年降水量400毫米线在南北摆动,牧区和农区的分界线也在南北摆动。自古以来,乌审旗就是北方草原民族的游牧天堂,而乌审旗以南地区是中原农耕王朝的粮食产区,两种不同的生产生活方式、北方少数民族和中原汉族迥异的文化和习俗在这里碰撞、交融,甚至因为政治、军事的原因在这里冲突、战争。游牧经济和农耕经济的相互多样性经济、贸易需求,北方草原民族和中原农耕民族在政治、文化上的相互吸引和交融,使乌审旗成为多民族融合和经济交流的重要区域。所以乌审旗的历史文化底蕴深厚,文化遗产丰富,并且极具地方特色和民族特色。

在进入人类文明史的发展阶段后,乌审旗以它古老灿烂的历史文化而享有盛誉。迄今为止,鄂尔多斯最早的古人类和文化遗存是属于旧石器时代、发现于乌审旗萨拉乌苏河畔的河套人萨拉乌苏遗址,于1922年由法国地质古生物学家桑志华发现,其所属时代为距今14万~7万年前;地质上的萨拉乌苏大剖面成为我国晚更新世的典型地层。遗址出土了包括几百件小型刮削器、尖状器在内的石制品,因其独具特色而被命名为"萨拉乌苏文化",成为我国华北旧石器时代两大文化传统——"匼河－丁村系"大三棱尖状器文化传统和"周口店第1地点－峙峪系"小石器文化传统中,后者的重要组成部分。遗址出土了包括披毛犀、王氏水牛、河套大角鹿等几十种已经灭绝的古动物,古生物界命名为"萨拉乌苏动物群",成为中国更新世三大动物群——早更新世"泥河湾动物群"、中更新世"周口店动物群"和晚更新世"萨拉乌苏动物群"中的经典动物群而永载史册、闻名中外。特别是遗址出土了著名的"鄂尔多斯人牙齿"及20多件人类化石,掀开了亚洲古人类史研究的帷幕,成为探秘远古时期中西文化交往史的经典遗址。

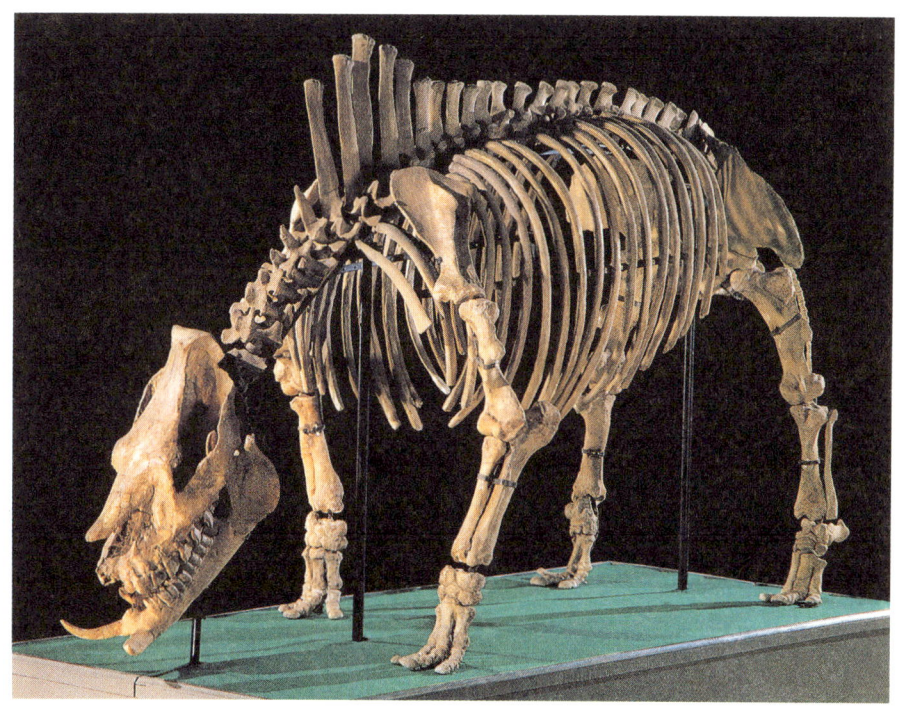

萨拉乌苏动物群——披毛犀

数千年前,新石器时代古人类在乌审地区繁衍、发展起来。夏商周时期,羌方、猃狁、戎狄等民族在乌审地区游牧,到春秋战国时期,这些

团结崛起的乌审

民族发展、融入匈奴。战国时期,匈奴建立奴隶制国家,第一个单于名为头曼单于,其子冒顿单于统一鄂尔多斯高原、蒙古高原和漠北。战国后期,秦国占据乌审地区,设上郡;公元前272年,为防御义渠,秦昭襄王开始修筑战国秦长城。公元前221年,秦朝实现了中国历史上第一次大统一,在全国推行郡县制,统一法律、文字、历法、车轨、货币和度量衡,极大地促进了各地区、各民族之间的交流;公元前215年,秦始皇派大将蒙恬击败匈奴,占据河南地,称为新秦中;公元前212年,秦始皇派蒙恬修筑秦直道由南向北穿过了乌审地区。

第二节
汉代、北朝时期乌审地区的民族融合

公元前206年,汉朝建立后,提出"大一统"理念,进一步发展了统一的局面,增设郡县统辖四周各民族。公元前51年,匈奴呼韩邪单于认清"事汉则安存,不事则危亡"之势,归附于汉。汉朝为了显示对呼韩邪的欢迎,曾派专使至五原郡迎接,并在至长安经河套的朔方、西河、上郡等地沿途陈兵,以示宠卫。呼韩邪单于多次往返于大漠与长安之间,鄂尔多斯是必经之地。呼韩邪归汉,汉匈和好,结束了汉匈之间长期的对峙状态,促成了塞北与中原的统一。汉元帝时,将宫女王昭君嫁与呼韩邪单于为阏氏。公元前33年,王昭君随呼韩邪单于出塞,经由现在的陕北、鄂尔多斯市乌审旗、伊金霍洛旗、东胜区、达拉特旗,渡黄河北行进入大漠,从此,汉匈之间结束了100多年的战争局面。公元48年,匈奴分裂为南北两部,南匈奴归附于汉,其部众四五万人入居塞内,南匈奴的单于庭帐就设在西河郡美稷县,即今准格尔旗的纳林古城。秦汉时期在政治、经济、文化等方面,奠定了中国长达2000多年统一的多民族国家的基本格局。

至魏晋北朝时期,这里成为北方、西北民族南下东进中原的通道,"杂胡"聚集,史称"羌胡地"。前赵、后赵、前秦、后秦都曾占据这里。铁

团结崛起的乌审

大夏国都——统万城

弗匈奴建立大夏政权后,公元413年,赫连勃勃驱使10万人在朔方水(今无定河)北、黑水(一说为今纳林河)之南营建大夏国都,取统一天下,君临万方之意,将都城定名为统万城。据史料记载:统万城历时7年方建成,规模十分宏伟。统万城修建异常坚固,虽然经过1500年风雨侵蚀,依然巍峨挺立,雄踞北国。现在城垣遗址的高度从2米至10米不等。四城角各有角楼,西南角角楼保存最好,现今仍高达30米,城墙外部均有防御性的马面建筑。该城为鄂尔多斯高原上唯一的古代都城。

第三节
隋唐、西夏、宋元时期的民族融合

公元585年，东突厥沙钵略可汗归顺隋文帝，接受隋朝的管辖，鄂尔多斯高原成为突厥的牧场。597年，东突厥沙钵略可汗的儿子启民可汗，为西突厥所迫归降隋朝，隋文帝封他为"意利珍豆启民可汗"，并以义成公主配他为妻，将他们安置在水草丰美的白道川。后因归顺启民可汗的部众越来越多，隋文帝采纳孙晟的意见，"于夏、胜二州之间（鄂尔多斯高原），东西至黄河，南北四百里，掘为横堑，令处其内，使得任情畜牧"。此后，突厥自漠北"或南入长城""或住白道（今呼和浩特市）"，降隋者数十万众。于是鄂尔多斯市乌审地区就成为以启民为首的突厥人的牧场。隋炀帝大业三年（607年），突厥启民可汗入隋都长安朝见隋炀帝；后来隋炀帝北巡，到达榆林郡（今准格尔旗十二连城），突厥启民可汗及义成公主同至行宫觐见，启民可汗前后献马3000匹，炀帝回赠帛布13000段，并命启民位列诸侯王之上。参加这次大会的，除了启民可汗所率突厥贵族头领外，契丹、奚等部族的酋长也来参加，出现了各民族欢聚一堂的盛况。

唐初10万突厥人降唐，被安置在鄂尔多斯南部。唐朝在鄂尔多斯设置了夏、宥、盐、灵、丰、胜等州，还设立了总管府、都督府和节度

使,对归附入居的少数民族实行羁縻府州政策。"六胡州"是唐初为安置突厥降户,主要是昭武九姓的粟特人,在灵州、夏州之间设置的鲁州、丽州、含州、塞州、依州、契州等的总称。粟特人是原居于中亚的古代民族,是活跃在丝绸之路上的商业民族,主要由康、安、曹、石、米、何、火寻、戊地、史共9个城邦组成国家,每个城邦的居民都以国为姓,所以习惯上称粟特人为昭武九姓。突厥兴起后,由于突厥对粟特地区的占领,粟特人大量进入突厥部落,因而唐初为安置突厥降户,在鄂尔多斯地区所设立的"六胡州"中,其主要居民就是粟特人。一般认为,"六胡州"中鲁州、丽州、塞州的治城分别为今鄂托克前旗的查干巴拉古城、巴郎庙古城、呼和淖尔古城,含州、依州、契州的治城分别为今鄂托克旗的哈达图古城、敖伦淖尔古城及今乌审旗呼和淖尔古城。兰池都督府治城为鄂托克前旗敖勒召其镇的巴格陶利古城。"六胡州"属于羁縻府州的性质,粟特人在这里保持了较为巩固的部落组织,并未完成部落民向唐之编民的转变。乌审地区成为唐朝安置突厥人和粟特人的肥沃牧场。

辽宋夏金时期是鄂尔多斯地区占据民族最繁多、战争最频繁、历史最复杂、社会变化最剧烈的年代,是党项、汉、契丹、女真、蒙古等民族进行激烈争夺和走向统一的时期。党项族是古老羌族的一支,拓跋部是党项族中较大的部落。756年"安史之乱"后,唐代宗将居于庆州(今甘肃庆阳)的拓跋朝光所率的党项部众迁往银州(今陕西榆林东南)以北、夏州以东地区,即鄂尔多斯的东南部,号称平夏部。唐僖宗时,曾封平夏部首领拓跋思恭为夏州节度使。中和元年(881年),黄巢攻占长安,拓跋思恭会同唐军镇压起义军,被封为夏绥银节度使。中和三年(883年),拓跋思恭因镇压黄巢起义中,有功于唐,被封为夏国公,赐姓李。从此夏州拓跋氏称为李氏,统辖夏、绥、银、宥四州之地。平夏部在包括鄂尔多斯南部地区在内的夏州一

第二章 乌审旗民族团结的历史

带逐步发展成割据势力。鄂尔多斯肥美的草原为党项平夏部发展畜牧业提供了物质条件。党项族在鄂尔多斯南端无定河、窟野河流域的肥沃土地上,发展农业,成为西夏的重要粮仓。鄂尔多斯南部盛产的青盐,是党项和内地进行贸易的重要物资和财源。日积月累,平夏部在今鄂尔多斯南部乌审地区的地斤泽一带发展起来,并建立了西夏王朝。

1038年,李元昊称帝,建立西夏王朝,定都兴庆府（今宁夏银川）,仍然重视对夏州故地的经

西夏牡丹纹黑釉剔花瓷瓶

营,在鄂尔多斯地区先后设置了丰州、胜州、夏州、宥州以及南部的银州、绥州、盐州、麟州、府州等州。乌审地区成为西夏属地。

1227年,蒙古军队进占中兴府,灭亡西夏。至此,鄂尔多斯地区为蒙古占据,直至元明清时期,蒙古族一直是该地区的主体民族,此时已经奠定了厚实的历史基础。

元代,鄂尔多斯部分地区成为陕西行省、甘肃行省的辖区,大部分地区为皇家封地,还是元朝官办的14个牧场之一。仅次于行省的察汗脑儿宣慰司,是当时鄂尔多斯地区政治、经济、军事最高权力机构。据专家考证,乌审旗的三岔河古城应为元代由安西王阿难达所建的察汗脑儿故城,后收归朝廷直辖,设察汗脑儿宣慰司。

团结崛起的乌审

第四节
明代的通贡互市与民族融合

明朝建立以后,为防御漠北草原的蒙古鞑靼、瓦剌诸部和东北地区的女真族,在200多年统治中一直在修筑万里长城,建成9座长城重镇,分别是延绥镇(榆林镇)、固原镇、甘肃镇、宁夏镇、大同镇、宣府镇、山西镇、蓟镇、辽东镇,史称"九边重镇"。鄂尔多斯市准格尔旗明长城属于榆林镇,鄂托克前旗和鄂托克旗的明长城属于宁夏镇。在乌审旗南部修筑了榆林镇明长城,乌审旗虽然没有分布明长城,但其南端不远处就分布有九边重镇榆林镇及明长城和烽火台,很明显属于长城带。

明初,蒙古封建主之间的战争和明军的频繁征讨,以及实行军事隔离和经济封锁政策,使蒙古的社会经济遭到了严重破坏,蒙古牧民的铁锅来源被切断,竟出现了用皮囊储水煮肉的艰难困境。这样,蒙古牧民与中原地区进行生产生活必需品的交换更加迫切。明朝为了从经济上控制蒙古,也为了从蒙古获得战马和耕畜,在一定范围内,允许这种经济交往。这主要是通过通贡和互市两种形式进行。所谓通贡,就是蒙古封建主派遣使臣,带着畜产品朝贡朝廷,而明廷则以赏赐的名义供给布匹、锅釜、食品、首饰等。蒙古使臣的入贡,必须严格遵守贡道与贡期。这既是蒙古与明廷在政治上隶属关系的表现,又是一种经济联系的特殊形式。所谓互市,也称马市,是在明朝官方控制下,汉族和蒙古族在指定地点进行贸易。这种互市,在时间和规模上都受到了严格控制。

隆庆五年(1571年)三月,明朝廷封俺答为顺义王,其子弟部落为都督等官。明朝相继在大同、宣府、延绥、宁夏、甘肃等地,开马市互市11处。同时,又开了便于蒙汉各族人民自由贸易的月市,或小市。蒙汉各族人民可以自由贸易。每当互市,常常出现两族民众"醉饱讴歌,婆娑忘返"的情景。从而,"东自海冶,西尽甘州,延袤五千里,无烽火警"。俺答汗又与妻三娘子筑"归化"城。万历九年(1581年)十二月十九日,俺答病死,其妻三娘子继承他未竟之业,率领子孙,维持汉蒙和睦相处,"四十余年无用兵之患,沿边旷土皆得耕牧"。其后,由于官市和民市的开放,私市衰落,而民市日益兴盛,并逐渐取代官市而占据主导地位。并且,在蒙、汉各族人民的要求下,又开设了每月一次的月市和数日一次或随时开市的小市。月市和小市的开设,进一步方便了蒙、汉人民的需要,贸易交流进一步扩大。

隆庆封贡后,结束了200余年的明蒙对立,明朝在沿边大同、宣府、山西、宁夏、甘肃等地陆续开设了主要对漠南土默特、鄂尔多斯诸部进行贸易的马市,鄂尔多斯高原及周边出现了明初以来从未有过的和平交往和贸易繁荣局面,同时,这些地区的民市贸易更加繁荣。在鄂尔多斯地区周边设立的马市主要有东部陕西榆林镇北台附近的易马城马市、南部宁夏盐池的花马池马市和西南部鄂托克前旗清水营东城互市,这些马市、互市的出现沟通了北方与内地、蒙古与明朝不可分割的经济联系。据榆林府志记载,在镇北台西南800米处的明代易马城马市遗址,是当年蒙汉民间贸易场所之一,也是蒙汉民族和睦相处的历史见证。通贡互市、茶马互市的巨大影响一直延续到今天,现在乌

审旗与陕西省交界的长城沿线地区,民间的月市、周市、赶集、赶交流的贸易交换交易活动仍然非常频繁而充满生机。

隆庆封贡,建立了值得称颂的历史功绩。自此以后,北方出现了明初以来从未有过的和平局面,结束了200年来的明蒙对立,沟通了北方与内地不可分割的经济联系。这对于两族人民,特别是从事畜牧业生产的蒙古族人民的发展、生活的改善,牧民所需的布匹、粮谷、铁锅、农具等的合理解决,有着重要的意义。对于中原,特别是沿边河套地带的汉族人民,恢复了社会秩序的安宁,得以休养生息、发展生产,不仅避免了战争涂炭,也减轻了巨额的军费负担。而且由蒙古地区输入了大量民用马匹和其他牲畜,提高了农耕畜力,刺激了农业生产的发展。这种密切的经济联系又促进了政治上的统一。这是蒙汉两族人民要求和平统一的反映和共同斗争的结果,也是统一的多民族国家历史发展的必然趋势和客观规律。

第五节
清代走西口与民族融合

清顺治六年(1649年),清朝将蒙古族鄂尔多斯部落分为6个旗,其中的鄂尔多斯右翼前旗即为乌审旗。清朝政府在蒙古地区实行盟旗制度,鄂尔多斯七旗会盟于伊克昭(蒙古语,大庙之意),故名为"伊克昭盟"。光绪三十三年(1907年),清王朝在鄂尔多斯左翼中旗东部被开垦的地区设东胜厅。

走西口是指从明代中期至民国初年400余年的历史时期,大批山西人、陕西人、河北人打通了中原腹地与蒙古草原的经济和文化通道,进入内蒙古地区,带动了北部地区繁荣和发展的历史事件。清代是中国人口发展史上的一个重要时期,通过康熙、雍正、乾隆三朝的休养发展,到乾隆年间全国人口一举突破3亿大关。这样一来,人地矛盾逐渐尖锐,大量内地贫民迫于生活压力,"走西口""闯关东"和"下南洋",形成近代大的移民浪潮,都是以谋生为特点的非官方行为。

"走西口"是清代以来成千上万的晋、陕等地老百姓涌入归化城、土默特、察哈尔和鄂尔多斯等地谋生的移民活动。"走西口"这一移民活动,大大改变了内蒙古的社会结构、经济结构和生活方式。同时,占移民比例极高的山西、陕西移民,作为文化传播的主要载体,将三晋文

化、陕北文化带到了内蒙古中西部地区,使当地形成富有浓郁特色的移民文化。陕北文化作为农耕文化的一部分,通过人口迁移,与当地的游牧文化相融合,形成富有活力的多元文化,丰富了乌审旗的传统文化和当代文化。

西口有广义和狭义之分,狭义的西口指长城北的口外,包括山西杀虎口、陕西府谷口和河北独石口,即晋北人、陕北人以及河北人走西口的交汇点。广义上的西口泛指在长城以北的内外蒙古从事农业、商品交易的地方,"西口"实际上也泛指秦晋各地至内蒙古的各个通道隘口。西口一般指杀虎口,是明代的重要长城要塞,原名为杀胡口、杀胡堡,从这个名称可见当时长城内与边塞民族关系的紧张状况。隆庆和议后,明朝在长城沿边宣府、大同、山西三镇开设互市,大同右卫即于此时设马市于杀胡口关城下,使之成为边贸往来的通道与平台。清

清代鄂尔多斯人

代,杀胡口改名为杀虎口,因其位于西北商道的交通枢纽,1650年(顺治七年),清政府在杀虎口设关征税。"杀虎口"的兴衰史也反映了晋商发展兴衰的历史。

乌审地区与陕北相邻,这里地域辽阔、人口稀少,成为陕北居民外出谋生的首选之地,也是最为方便到达的地区。而乌审地区由于很长一段时间处于封闭状态,单一的牧业经济使蒙古族牧民缺乏粮食、蔬菜和布匹、糖、茶等生活用品,需要引进汉族的农耕技术和小手工业产品。于是,走西口的移民现象就成为历史的必然。

人口的流动,带动了文化的传播,而文化的传播,又拉近了地区间的距离,增强了人们的认同感。"走西口"这一移民浪潮,大大促进了乌审地区与内地的交流,进一步增进了蒙汉之间的民族感情,对中华多民族国家的繁荣稳定产生了积极的影响。"走西口"加强了蒙、汉人民的相互交流,此种交流,除了前述经济方面的影响外,在文化上的交融亦相当显著。譬如,漫瀚调也称蒙汉调,就是蒙汉人民在生产和生活的交往中,逐渐融合了信天游、山歌、蒙古歌曲的艺术风格,相互交流而催生的一种新民歌。

西口文化包含着晋陕汉族移民吃苦耐劳的创业精神,也体现着鄂尔多斯蒙古族宽厚诚实的仁爱品格。西口文化是民族融合、多元文化兼容并蓄的和谐文化。西口文化表现了乌审民族文化的开放性、包容性、多元性、和谐性。

第六节
近代以来乌审旗蒙汉军民的团结互助和红色革命

20世纪初,民国政府实行的"移民开垦"政策,特别是陈长捷强行"军垦",导致了抗垦的"三·二六事变"。"独贵龙"抗垦和反封建压迫斗争风起云涌。"独贵龙"为蒙古语,意为环形圆圈,是蒙古族群众近代反帝反封建的一种形式,参加者将名字呈环形地写在名簿上,分不出谁是头目。鄂尔多斯是近代蒙古族以"独贵龙"组织形式进行反抗封建统治斗争的发源地和摇篮。

1828年(道光八年),乌审旗蒙古族贫苦牧民300多人在普勒斋、珠勒吉格、沙格德尔等人的领导下,组织"独贵龙",将扎萨克王爷的劣迹写成诉状上告盟长,提出呈控,坚持3月之久;从此"独贵龙"运动逐渐扩展至全盟。1866年至1891年,鄂托克旗、乌审旗相继暴发了反抗封建王公横征暴敛、欺压勒索百姓的"独贵龙",遭到盟旗封建主的镇压。1900年,在义和团运动的影响下,乌审旗、鄂托克旗、札萨克旗等旗的蒙古族牧民,又以"独贵龙"的形式,开展声势浩大的反洋教斗争。1902年,清廷在内蒙古实行"新政",推行"移民实边"政策,开始大规模"开放蒙荒",官垦优良牧场,遭到鄂尔多斯蒙汉各族人民的强烈反对,各旗蒙古族民众纷纷抗垦。武装抗垦斗争最为激烈的是准格尔旗丹丕尔领导的抗垦"独贵龙"。1903年至1910年,乌审旗的抗垦"独贵龙"蓬勃发展,兴起12个"独贵龙",建立旗"公会",领导全旗抗垦,致使王公报垦计划彻底流产,没有放垦出一亩土地;与此同时,杭锦旗、札萨克旗、郡王旗、达拉特旗也爆发了"独贵龙"抗垦运动。斗争最为激烈、规模大、持续时间长、影响深远的是席尼喇嘛——乌力吉杰尔嘎拉领导的乌审旗"独贵龙"运动;组建11个"独贵龙",制定严密的组织纪律和规章制度,以"七十安答"为核心,斗争迫使清廷撤销旗扎萨克的职爵,处死作恶多端的王爷福晋,宣布废止一切封建差役赋税,控制全旗一切大权,确立"独贵龙"的权威;该次运动虽然于1920年被封建王公联合镇压,但沉重打击了封建王公统治。1925年,席尼喇嘛当选为中央执委。1926年,组建内蒙古人民革命军十二团,任团长。

乌审人民勤劳勇敢,具有光荣的革命传统。1925年,陕北党组织派人到乌审旗南部一带开展工作。1926年,陕北党组织与席尼喇嘛领

"独贵龙"运动旧址

团结崛起的乌审

导的"独贵龙"运动取得联系;秋天,高岗等党员来到乌审旗河南沈家沟一带活动,与蒙古族牧民高八音图等人结拜为兄弟。1928年和1934年分别建立了中国共产党党小组、党支部和工作委员会,成为伊克昭盟最早出现的中国共产党基层组织。1935年5月,巴图湾地区建立苏区乡政府。10月,红军长征抵达陕北后即派遣一批共产党人来乌审旗开展地下工作。1935年12月20日,毛泽东以中华苏维埃人民共和国中央政府主席的名义发表了《对内蒙古人民宣言》,系统阐述了内蒙古民族问题和共产党对内蒙古革命的方针政策,宣布将国民党陕北军阀抢占的鄂尔多斯土地交还内蒙古,同时派出毛泽民、高岗、赵通儒等一批干部深入以乌审旗为中心的周边地区开展工作。1936年2月,乌审县苏维埃政府和中共乌审县委成立时,以毛泽东为首的中共中央得知情况后,当即批评推行县制的错误做法,指出:"我们尊重少数民族的传统和习惯,不急于赤化蒙地,意义在于使之成为一个缓冲地带,以应付敌人,减少敌人进攻乌审旗的借口,使乌审旗有充分的时间来进行统一战线的组织及工作,以对付内蒙古凶恶强大的民族敌人",目的"是要把乌审旗作为一个模范",以影响各盟、旗。1937年2月16日,乌审旗蒙古族牧民赴延安参观,参观团一行47人受到延安各界人士的欢迎,毛泽东、朱德、林伯渠等领导人接见了全体成员;参观团将精心准备好的一匹乌审大黄马及狐狸皮和奶油等特产赠送给毛泽东,中央领导人回赠参观团手枪2支、步枪17支。之后,一批又一批蒙古族优秀干部和开明人士投身革命,相继奔赴革命圣地延安参观学习,革命火种遍布乌审草原。1943年4月5日,乌审旗爆发武装起义,伊克昭盟第一支民族革命武装力量由此诞生。抗日战争时期,乌审旗巴图湾、排子地、尔林川等保(乡),组建了蒙汉自治抗敌联合会;1944年12月6日,中共乌审工委征得保安团长奇金山的同意,把这些组织统一起来,在大石砭组建成一个全旗性的统一的团结抗敌的政权机构——

乌审旗蒙汉自治抗敌联合会,负责组织群众生产互助、减租减息、合理负担、组织民兵、维护治安、保卫生产等工作,主任奇金山,抗联会下辖4个分会,各分会的领导由民主选举产生。

从《对内蒙古人民宣言》开始至中华人民共和国成立这14年中,以毛泽东主席为首的党中央与乌审旗的历史佳话激励了两万多乌审旗人民,他们不惧白色恐怖,毅然奔赴延安和解放区寻求真理。在中国共产党的领导下,各族人民长期坚持革命斗争英勇不屈,前仆后继,为内蒙古的解放和全国革命的胜利建立了不朽的功勋。

第七节
民族区域自治制度的确立

我国是统一的多民族国家,全国共有 56 个民族,其中汉族占绝大多数,其他 55 个民族人口相对较少,习惯上称为"少数民族"。少数民族有 1 亿多人口,分布在全国各地,民族自治地方占国土面积的

鄂尔多斯最早一批共产党员
(前排谷奇峰、郝登鸿、郭超凡,后排段振江、谷自珍、石作琦、谷思贤)

64%。多民族是我国的一项基本国情,这一基本国情决定了民族问题始终关系到党和人民事业发展的全局。

早在1922年,中共二大宣言中就明确提出,"中国人民应当反对割据式的联省自治和大一统的武力统一,首先推翻一切军阀,由人民统一中国本部,建立一个真正民主共和国;同时依经济不同的原则,一方面免除军阀势力的膨胀,一方面又因尊重边疆人民的自主,促成蒙古、西藏、回疆三自治邦,再联合成为中华联邦共和国"。

1931年九一八事变后,中国面临着日益严重的民族危机。1935年中国共产党中央政治局在瓦窑堡会议上为适应建立抗日民族统一战线的需要,提出了以人民共和国的口号代替工农共和国的口号。1936年《中共中央关于内蒙古工作的指示信》、1937年中国共产党洛川会议《抗日救国十大纲领》明确提出动员蒙古族、回族及其他一切少数民族在民族自决、民族自治的原则下共同抗日的主张。这一时期我们党在提出解决民族问题的主张时,更加注意到必须从民族地区的实际出发,更加注重调动一切抗日因素,形成最广泛的抗日战线。

1938年党的六届六中全会上,毛泽东同志在《抗日民族战争与抗日民族统一战线发展的新阶段》的报告中再次明确提出:"第一,允许蒙、回、藏、苗、瑶、夷、番各民族与汉族有平等权利,在共同对日原则之下,有自己管理自己事务之权,同时与汉族联合建立统一的国家。第二,各少数民族与汉族杂居的地方,当地政府须设置由当地少数民族的人员组成的委员会,作为省县政府的一部门,管理和他们有关事务,调节各族间的关系,在省县政府委员中应有他们的位置。第三,尊重各少数民族的文化、宗教、习惯,不但不应强迫他们学汉文汉语,而且应赞助他们发展用各族自己语言文字的文化教育。第四,纠正存在着的大汉族主义,提倡汉人用平等态度和各族接触,使日益亲善密切起来,同时禁止任何对他们带侮辱性与轻视性的言语,文字,与行动。"报告

团结崛起的乌审

中所提出的少数民族与汉族权利平等、有自己管理自己事务的权利,与汉族联合建立统一的国家,在少数民族与汉族杂居的地方设立政府民族机构调节民族关系、尊重少数民族的文化宗教习惯、禁止民族歧视等,为民族区域自治制度的建立奠定了重要基础,提供了重要内容。

1946年4月3日,内蒙古自治运动联合会和东蒙自治政府在承德举行统一内蒙古自治运动会议,通过了《内蒙古自治运动统一会议主要决议》。决议主要内容确定内蒙古自治运动的方针是平等自治,而不是独立自治,强调只有在中国共产党领导帮助下才能得到解放。内蒙古自治运动联合会为内蒙古自治运动统一领导机关,东西各盟旗均组织分会、支会,实现其纲领。解散内蒙古人民革命党,接受中国共产党的领导,解散东蒙自治政府,设立联合会东蒙总分会。确定内蒙古自治运动联合会统一领导内蒙古武装部队,会议推选乌兰夫为内蒙古自治运动联合会执委会兼常委会主席兼军事部长。以"'4·3'会议"为标志,内蒙古地区的革命斗争和蒙古民族解放运动进入了新的历史时期,乌兰夫根据内蒙古地区蒙古族群众的普遍愿望,向中共中央提出成立内蒙古自治政府的请求并获批准。

1947年3月初,中共中央东北局在哈尔滨召集内蒙古自治运动联合会、中共兴安省工委负责人会议,起草了《内蒙古自治政府施政纲领》《内蒙古自治政府暂行组织大纲》,经会议讨论后报中共中央东北局审定,并转呈中共中央原则批准。会议本着内蒙古自治政府的组成应体现内蒙古人民的共同利益,代表内蒙古各民族、各地区、各阶层的原则,初步议定了自治政府的组织机构、人事安排,协商拟定了自治政府委员、参议会议员名单,成立了内蒙古人民第一次代表大会党团,乌兰夫任党团书记。当年4月3日至4月21日,内蒙古自治运动联合会召开执委扩大会议。会议回顾总结了"'4·3'会议"以来内蒙古自治运动的基本情况和基本经验,并讨论研究召开内蒙古人民代表大会会议,讨论成立内蒙古自治政府的有关事宜。

内蒙古人民代表大会会议于1947年4月23日至5月3日在王爷庙(今乌兰浩特)开幕,出席会议的代表除尚处在国民党统治之下的伊克昭盟、阿拉善旗、额济纳旗外,还有来自内蒙古大部分盟旗的蒙古、达斡尔、鄂温克、汉、满、回、朝鲜等民族代表393人,代表包括工人、农民、牧民、知识分子、革命干部和军人,以及部分工商界人士地方士绅和民族、宗教上层人士。乌兰夫代表内蒙古自治运动联合会做政治报告。会议通过决议,决定撤销内蒙古自治运动联合会,成立内蒙古自治政府,在中国共产党领导下进行工作。会议通过了内蒙古自治政府施政纲领和组织大纲,选举产生自治政府主席、副主席,参议会议长、副议长,乌兰夫被选为自治政府主席。4月27日,会议向毛泽东主席、朱德总司令发出致敬电,充分表达了内蒙古各族人民对中国共产党的无比信任和衷心拥护。5月1日,内蒙古人民代表会议庄严宣告:内蒙古自治政府成立!5月3日,内蒙古自治政府在王爷庙召开第一次政府委员会议,任命政府各部门负责人。会议决定,5月1日为内蒙古自治政府成立纪念日,原内蒙古自治运动联合会会旗作为内蒙古自治政府旗,内蒙古自治政府所在地暂设兴安盟王爷庙(当年11月28日,内蒙古自治政府决定,从12月1日起将王爷庙改为乌兰浩特市,蒙古语意为"红色的城")。5月19日,毛泽东、朱德电贺内蒙古人民代表会议:"曾经饱受困难的内蒙古同胞在你们领导下,正在开始创造自由光明的新历史。我们相信,蒙古民族将与汉族和国内其他民族亲密团结,为着扫除民族压迫与封建压迫,建设新蒙古与新中国而奋斗,庆祝你们的胜利!"5月21日,经中央批准中共中央东北局决定组建内蒙古共产党工作委员会,乌兰夫为内蒙古共产党工作委员会书记。

至此,民族区域自治在我国已由一种正确解决民族问题的理论升华为国家治理结构模型;由中国共产党倡导和主张的科学调整民族关

系的伟大实践,演绎成少数民族人民的衷心拥戴和自主选择的政权模式。内蒙古自治政府正式成立,为中国共产党处理其他少数民族问题提供了宝贵经验和成功范例。

1949年9月29日颁布的具有临时宪法效力的《中国人民政治协商会议共同纲领》明确规定,"各少数民族聚居的地区,应实行民族的区域自治,按照民族聚居的人口多少和区域大小,分别建立各种民族自治机关"。由此,民族区域自治,作为国家解决民族问题、调整民族关系的基本制度规范得到正式确认。

民族区域自治就是在国家统一领导下,各少数民族聚居的地方实行区域自治,设立自治机关,行使自治权。它是中国共产党和中国政府解决民族问题、调整民族关系、维护民族平等、促进民族繁荣的一项基本政治制度。其中,国家的统一是前提,少数民族聚居是要件,设立自治机关是特色,行使自治权是途径。这一制度是中国共产党团结带领各族人民艰苦探索而取得的民族解放成果的制度结晶,是中国共产党将马克思主义民族理论与中国的国情相结合的伟大创新。

从1949年到1953年,我国经过各项社会改革、国民经济的恢复和抗美援朝的胜利,实行普选的条件逐步成熟,自下而上逐级选举产生各级人民代表大会的条件已经具备。为此,1953年中华人民共和国制定了第一部选举法,并据此开展了全国的普选工作。1954年9月15日,第一届全国人民代表大会第一次会议在北京开幕,由全国各地区和单位选出的1211位全国人大代表出席会议。会议通过了《中华人民共和国宪法》。宪法明确规定:"中华人民共和国是统一的多民族的国家。""各少数民族聚居的地方实行区域自治。各民族自治地方都是中华人民共和国不可分离的部分。"还规定全国人民代表大会设立民族委员会,全国的行政区划中设立有自治区、自治州、自治县、民族乡。自治区、自治州、自治县的自治机关可以依照当地民族的政治、经济和文化的特点,制定自治条例和单行条例,报请全国人民代表大会常务委员会批准。自治区、自治州、自治县的自治机关依照宪法和法律规定的权限行使自治权。宪法还明确规定,各上级国家机关应当充分保障各自治区、自治州、自治县的自治机关行使自治权,并且帮助各少数民族发展政治、经济和文化的建设事业。至此,民族区域自治制度内、组织架构、上级国家机关对民族区域自治地方的帮扶职责等,在宪法中得到了完整的表述和确认,民族区域自治制度正式成为国家的基本政治制度。乌审旗作为我国内蒙古自治区的一部分,在中华人民共和国成立后随即确立了民族区域自治制度。

实践表明,民族区域自治制度在中国的确立,经历了一个长期的探索实践过程。最终,从中国的国情出发,从民族因素与区域因素、政治因素与经济因素、历史因素与现实因素相统一的实际出发,中国共产党团结带领中国各族人民,坚定地选择了民族区域自治制度。作为国家的一项基本政治制度,民族区域自治是发展社会主义民主、建设社会主义政治文明的重要内容,是党团结带领各族人民建设中国特色社会主义、实现中华民族伟大复兴的重要保证。民族区域自治,作为国家的一项基本政治制度,是社会主义政治文明建设的重要内容,是各族人民建设中国特色社会主义、实现中华民族伟大复兴的制度载体。在国家统一领导下实行民族区域自治,体现了国家尊重和保障少数民族自主管理本民族内部事务的权利,体现了民族平等、民族团结、各民族共同繁荣发展的政策原则。民族区域自治,作为解决中国民族问题的一条基本经验不容置疑,作为国家的一项基本政治制度不容动摇,作为中国特色社会主义的一大政治优势不容削弱。

历史地看,民族区域自治制度设计是我们党从国情出发、从民族地区的实际出发,运用马克思主义国家学说和民族理论,成功解决中国民族问题的制度创新。实践表明,民族区域自治制度在中国的贯彻

团结崛起的乌审

实施,极大地维护了国家统一和各民族团结,保障了少数民族的各项合法权益,促进了民族地区经济社会发展。

目前,全国5个自治区、30个自治州、120个自治县(旗)的自治区主席、自治州州长、自治县(旗)县(旗)长全部由实行民族区域自治的少数民族公民担任。同时,注重合理配备实行区域自治的民族和其他少数民族的干部,切实保障自治机关各民族的代表性。每个民族不论人口多少,都有全国人大代表和省(自治区、直辖市)、市(州)、县(旗)、乡(镇)人大代表。少数民族人才培养受到重视,少数民族干部担任国家机关公职的法律规定和有关政策得到落实。155个民族自治地方的少数民族干部比例,普遍接近或超过少数民族人口占当地总人口的比例。中国民族区域自治法颁布实施以来,配套的法律、法规、规章地方性法规和地方政府规章以及措施和办法制定工作稳步推进。目前,我国民族地区政治稳定、经济发展、社会进步、民族团结、边疆巩固、人民生活显著改善,民族团结进步事业发展成就举世瞩目。

第八节
乌审旗民族团结政策的实践

自古以来,乌审地区就是一个多民族共同生活的社会舞台,有着农牧并举、亦耕亦畜的传统,成为中原文化与北方草原文化交汇地带。以蒙古族为主体的各族人民群众长期共同生活,创造和形成了一种多元交融、多样并举、开放包容、相互认同的文化环境。这一文化传统奠定了乌审文化深厚的民族心理和社会基础。

开放包容的民族性格是乌审旗蒙古族生存发展的宝贵精神支柱。乌审地区在元末被迫大迁徙的过程中,运用成吉思汗祭祀的号召力和凝聚力,吸纳了来自各部的部众。这种不断的吸纳和扩充的过程一直延续到清代。与此同时,各种祭祀文化的表现形式也逐步汇入成吉思汗祭祀活动中。16世纪初,接受了成吉思汗黄金家族达延汗后裔的统治;16世纪中叶,接受了藏传佛教的传入,接受了明蒙通贡互市的政治举措。17世纪中叶归顺了清朝的统治。18世纪中叶以后,吸纳了大量的汉族农耕、手工业移民的进入。在开放包容的心态和环境中,乌审旗各族人民吸取了众多民族文化营养,加强了民族团结,从而壮大了自己。

乌审旗民族文化以鄂尔多斯蒙古族文化为主体,以成吉思汗祭祀

文化为核心，融入多民族文化元素，体现出乌审地区特有的地域特色。农耕文化、游牧文化、祭祀文化、边塞文化、移民文化等相互依存、相互交织，构成了乌审旗民族文化不可缺少的内容。无论何种文化形式，都具有强烈而浓厚的生活气息，与各族群众的生产生活、情感追求紧紧联系在一起，产生了很强的亲和力、向心力。新时期的乌审旗民族文化继承这一历史传统，充分发挥民族和地域的优势，积极吸收现代文化元素，使传统文化充满新的活力，创造了新时期鄂尔多斯的先进文化、和谐文化，构成了丰富多彩、具有民族凝聚力的"乌审旗民族文化现象"。

1949年中华人民共和国成立以后，乌审旗成为我国民族团结政策和实践的典范。生活在乌审旗的人民，无论是蒙古族，还是汉族或其他民族，都为乌审旗的经济发展、生态治理、社会进步做出了巨大的贡献。乌审旗各族人民在中国共产党的领导下，互相学习，互相团结，互相支援，共同进步，建立和形成了一种新型的民族关系，为社会主义建设，完成党在各个时期政治和经济建设的各项任务共同奋斗。

1958年3月，乌审旗宗教科成立。6月5日，与民政科合并。1959年，分设宗教科。1962年4月27日，撤销宗教科，业务划归乌审旗委统战部。1964年8月11日，恢复宗教科。1966年受到"文化大革命"的冲击，停止活动。1980年6月3日，成立乌审旗民族宗教事务局。1984年，乌审旗民族宗教事务局与蒙古语文工作委员会合署办公，改称为乌审旗民族宗教委员会。

乌审旗各级党委、政府经常把培养和重用民族干部摆在重要议事日程上。到1989年，民族干部职工队伍达到2161人，比1962年和1978年分别增加5.4倍和1.9倍，占全旗干部职工总数的31.6%。到1990年，在全旗科级干部中民族干部占8.5%，县级干部中民族干部占63.8%。

中共十一届三中全会以后,重新进行民族政策的再教育,彻底平反了冤、假、错案,改善了民族关系。随着经济建设体制改革的深入开展,国家拨专项资金扶持发展民族教育、文化、卫生、科技事业,提高群众生产、生活水平。1980~1990年,共拨专项款65.81万元,扶持牧区贫困户4745户,到1990年已有2384户脱贫。仅1900年就为124个贫困户,打井59眼,建设草原2800亩,购买牲畜270头(只),修水地70亩,配套机井5眼,新建果园6亩。1980~1990年,为扶持民族教育,共拨专项款8.24万元,为民族文化科技事业拨专款4.26万元;创建民族文化站9个、文化室13个、文化户240个,还拨牧区卫生事业专项款16万元。从1983年开始将每年的9月定为民族团结表彰活动月。对民族团结先进单位和先进个人予以表彰奖励,到20世纪80年代末,先后涌现出区、盟、旗民族团结先进集体80个、先进个人266名。

1966年2月,乌兰夫同志会见宝日勒岱等劳模并与她们亲切交谈

团结崛起的乌审

1984年《中华人民共和国民族区域自治法》颁布后,中共乌审旗委和旗人民政府组织全旗各族人民共同开展学法普法活动。全旗先后在广大群众中进行大型普法教育共5次。在普法教育的基础上进一步落实了发展民族地区经济,发展民族教育,培养、教育、重用民族干部和使用民族语言、文字等一系列政策。

乌审旗各级党委和政府非常重视民族语言文字的发展和应用。从1955年至1965年,乌审旗委和旗人民政府积极组织机关汉族干部职工利用业余时间学习蒙古语、蒙古文。有不少人已经达到会说会念的程度,对开展牧区工作、增强民族团结发挥了积极作用。1979年至1980年,全旗共召开了五次学习使用蒙古语文先进工作者代表大会,表彰奖励了一大批先进集体和先进个人。

从1981年起,对达布察克镇区所有单位的牌匾、印鉴、公章、文件头、会标、车牌等使用蒙汉两种文字进行对照普查。由乌审旗党委、政府、人大、政协牵头组织工商局、税务局、文化局等有关单位进行市面使用蒙古文情况普查,截至1990年共开展普查11次。期间还抽查了乌兰陶勒盖、沙尔利格、陶利、嘎鲁图4个苏木使用蒙古语文情况。纠正了不使用蒙古文或乱写滥用的不规范做法。

1979年1月至1986年,乌审旗蒙古语文工作委员会办公室按照《中国民间文学三套集成编纂总方案》和《编辑细则》的要求收集整理了乌审旗民间故事、谚语、民歌三辑。1986~1990年,乌审旗少数民族古籍整理工作办公室开展了少数民族古籍整理工作,已内部出版文学、艺术、历史、蒙药、农牧林水等领域的专辑20多种。

乌审旗积极落实党的宗教政策。中华人民共和国成立初期,90%左右的召庙被破坏,1960年以后,中共乌审旗委和旗人民政府拨专款维修了乌审召庙、沙尔利格庙、嘎鲁图庙、陶日木庙。1966年后半年停止了宗教活动。1982年后,恢复乌审召庙、海流图庙、石砭庙、陶日木庙4个宗教活动点,国家拨款27.2万元补修了一些召庙。自1986年起,对全旗88名无依无靠的老宗教职业者按月给予定期生活补助,全年共拨专项款20040元。

近年来,乌审旗委、旗人民政府始终高举民族团结旗帜,认真贯彻执行党和国家的各项民族政策,紧紧围绕各民族"共同团结奋斗、共同繁荣发展"的主题,大力宣传党的民族方针政策,着力扶持少数民族发展经济和社会各项事业,"三个离不开"(即汉族离不开少数民族、少数民族离不开汉族、各少数民族之间也相互离不开。)、"五个认同"(认同伟大祖国,认同中华民族,认同中华文化,认同中国共产党和认同中国特色社会主义。)思想深深扎根全旗各族人民心中,各民族手足相亲、守望相助、团结奋斗。研究制定了《关于进一步加强和改进新形势下民族工作的实施意见》《乌审旗创建民族团结进步示范旗工作实施方案》《乌审旗命名民族团结进步创建活动示范单位的实施意见》等一系列实施方案和意见,将创建工作纳入旗委、旗人民政府年度重点任务和工作目标。在全旗范围内分层次、分领域、分阶段广泛开展马克思主义民族观、党的民族理论政策法规以及民族基本知识宣传教育,以每年9月民族团结进步宣传月活动为载体,积极开展多种形式的宣传及帮扶活动,深入开展"爱我乌审"主题实践活动、"弘扬民族精神、凝聚民族力量、促进民族团结、推动社会和谐"民族团结进步主题宣传教育系列活动和全旗民族宗教蒙古语文政策法规知识竞赛等,成立旗委讲师团蒙语宣讲组,用通俗易懂的语言将党和国家民族政策传递到各族干部群众中,打牢民族团结进步的思想基础。大力加强中小学民族团结教育工作,让各民族同呼吸、共命运、心连心优良传统代代相传。深入贯彻民族区域自治制度,全面落实党和国家的民族政策。民族教育优先发展,配齐配足民族教育教学设备,顺利通过国家义务教育发展基本均衡旗评估验收,民族学校所有教师均享受民族教师岗位补

贴。建立健全民族团结进步激励机制,注重发挥先进典型的示范引领作用,每3年召开一次全旗民族团结进步暨学习使用蒙古语文模范集体和个人表彰大会,充分利用"一报一台两微两网"平台,对先进典型进行宣传报道。民族团结已经成为乌审旗经济、社会得以快速发展的传统经验、基本理念和巨大推动力。

乌审旗共有蒙古、汉、回、满等17个民族,总人口13.34万人,其中少数民族人口占30%,是一个典型的多民族聚居区。多年来,全旗各族人民休戚与共、携手相助,共建幸福家园。2018年11月28日,国家民委监督检查司公布《2018年全国民族团结进步创建示范区(单位)候选名单公示》,乌审旗榜上有名。这一荣誉的取得与乌审旗多年来高度重视民族团结事业,始终将民族团结进步事业看作各族群众生命线的努力牢不可分。长期以来,乌审旗恪守各民族"共同团结奋斗、共同繁荣发展",牢固树立"汉族离不开少数民族、少数民族离不开汉族、各少数民族之间也相互离不开"思想,始终把维护和促进民族团结进步作为重大的政治责任来坚守,不断强化组织领导,有力有序推进民族团结进步示范旗创建工作,形成了旗委领导、政府负责、有关部门协同配合、全社会合力推进的良好工作格局。"三个离不开""五个认同"的思想深入人心,"草原儿女心向党"的理念深深浸润于各族干部群众血脉之中。平等、团结、互助、和谐的社会主义民族关系不断巩固发展,乌审旗的民族团结之花在绿色乌审的土地上愈加鲜艳。

第三章
民族团结政策与实践

开展民族团结进步创建活动,是加强和创新社会治理、推进民族团结进步事业的重要举措,是坚持和完善民族区域自治制度的内在要求,是促进经济社会发展,维护民族团结、社会稳定和祖国统一的重要保证。近年来,鄂尔多斯市不断探索新思路、新举措、新载体,让各民族从思想上同频共振,走出了一条具有鄂尔多斯特色的民族团结进步之路。尤其是乌审旗自全国民族团结进步示范旗创建工作启动以来,坚持以创建工作为统领,推动党的十九大精神和习近平总书记对内蒙古提出的"三个扎实"重要要求在全旗落地生根,全旗民族团结进步的政治基础、思想基础、经济基础、社会基础和文化基础更加牢固,中华民族共同体意识更加坚定,各民族交往、交流、交融更加深入,呈现出你中有我、我中有你、谁也离不开谁的生动局面,汇聚形成了绿色乌审在新时代实现"绿色崛起"的

强大合力。

鄂尔多斯市委、市政府,乌审旗委、旗政府高度重视民族团结进步创建工作,为认真贯彻落实党和国家的民族团结政策,加快推进全市少数民族和民族地区经济社会发展,不断推动民族团结各项活动,紧紧围绕"各民族共同团结奋斗、共同繁荣发展"的主题,不断加强各民族交往交融,推动民族团结进步事业不断创新发展,坚持把加强民族团结进步作为振兴乌审的奠基工程来抓,先后在文化教育、医疗卫生、社会保障、民政福利、就业养老、干部使用等各个领域制定出台一系列优惠政策,从社会政治制度层面维护少数民族切身利益,最大限度地凝聚民族团结进步的强大合力,美丽富饶的乌审旗用几十年携手奋进的光辉实践谱写出一部民族团结进步的壮丽篇章。

为了方便读者对乌审旗民族团结示范旗建设政策文献的脉络进行梳理,本章从中央、自治区、市旗级三个层面来展示从中央到地方对民族团结进步创建活动的重视和具体安排。

第一节　内蒙古自治区政策文献

一、领导署名文章

奇锦玉在《内蒙古日报》上发表署名文章《谱写新时代内蒙古民族团结进步事业新篇章》（内蒙古自治区民委党组书记、主任）

（2017年11月）

习近平总书记在十九大报告中强调："全面贯彻党的民族政策，深化民族团结进步教育，铸牢中华民族共同体意识，加强各民族交往交流交融，促进各民族像石榴籽一样紧紧抱在一起，共同团结奋斗、共同繁荣发展。"这一论述高屋建瓴、意蕴深刻，既与党的民族理论政策一脉相承，又与时俱进，闪耀着时代光芒，是党中央对新时代民族工作作出的重要安排部署，为今后的民族工作指明了前进方向，是做好民族工作的行动指南。我们要认真学习贯彻落实十九大精神，用习近平新时代中国特色社会主义思想武装头脑、推动民族工作创新发展，努力谱写新时代内蒙古民族团结进步事业新篇章。

1. 坚持和完善民族区域自治制度，坚定不移地走中国特色解决民族问题的正确道路

坚持和完善民族区域自治制度，是坚持中国特色社会主义政治道

路的重要内容,是习近平新时代中国特色社会主义思想的重要组成部分。

内蒙古自治区是在中国共产党领导下成立的第一个省级民族自治地方,是具有民族团结优良传统的"模范自治区"。党的十八大以来,我们深入学习贯彻习近平总书记系列重要讲话精神和关于民族工作的新理念新思想新战略,牢记习近平总书记视察内蒙古时"要始终高举民族团结旗帜,坚持和发扬各民族心连心、手拉手的好传统,精心做好民族工作"的深情嘱托,深入贯彻落实中央民族工作会议精神,进一步加强和改进民族工作,内蒙古呈现出经济发展、民族团结、文化繁荣、边疆安宁、生态文明、各族人民生活幸福的良好局面。

内蒙古70年来经济社会发展取得的辉煌成就,充分证明了党的民族政策的正确性、民族区域自治制度的优越性。新时代坚持和完善民族区域自治制度,是民族工作部门的重要职责。我们要认真贯彻民族区域自治法等民族工作法律法规,积极协调、推动出台内蒙古自治区《蒙古语言文字工作条例实施细则》《清真食品管理办法》《社会市面蒙汉两种文字并用管理办法》等法规规章。加强对贯彻落实中央、自治区党委民族工作会议精神情况的监督检查,配合做好对《民族教育条例》《蒙医药中医药条例》等法规落实情况的监督检查。认真贯彻实施《蒙古语言文字工作条例》《蒙古语言文字"十三五"规划》,大力推进蒙古语文规范化、标准化、信息化建设,充分发挥蒙古语言文字在传承弘扬民族文化、促进民族团结方面的重要作用。扩大城市民族工作试点,加强城市少数民族服务体系建设,做好少数民族流动人口的服务和管理,稳妥有序推进城市民族工作。制定出台内蒙古自治区《关于依法治理民族事务促进民族团结的意见》,依法维护少数民族合法权益,团结引导各族群众坚定不移地走中国特色解决民族问题的正确道路,筑牢祖国北疆安全稳定屏障。

2. 深化民族团结宣传教育，铸牢中华民族共同体意识

贯彻落实十九大精神，深化民族团结宣传教育，要创新民族团结宣传教育的方式和载体，在突出民族团结教育的针对性、扩大覆盖面、增强实效性上下功夫。全面加强民族团结进步宣传教育，推动党的民族理论、民族政策、民族法规、民族知识"三进"（即进教材、进学校、进课堂），将其纳入国民教育、干部教育和社会教育计划中。组织民族工作者、民族团结进步模范深入基层、深入群众，讲好民族团结进步的内蒙古故事。利用好传统和新兴媒体，以群众喜闻乐见的形式，广泛宣传党的民族政策、民族区域自治制度的优越性，宣传国家、自治区经济社会取得的巨大成就，引导各族干部群众进一步坚持和完善民族区域自治制度，增强各族人民作为中华大家庭一员的自信心和自豪感。通过坚持不懈的民族团结宣传教育，进一步增强各族干部群众"三个离不开""四个维护"和"五个认同"的认识，弘扬各族人民心连心、手拉手的优良传统，不断巩固和发展平等团结互助和谐的社会主义民族关系，铸牢各民族中华民族共同体意识。

3. 深入开展民族团结进步创建活动，加强各民族交往交流交融

开展民族团结进步创建活动，是加强各民族交往交流交融、推动民族团结进步事业的有效载体和重要抓手。要加强组织，推动建立由各级党委政府主导、各部门齐抓共管、全社会广泛参与的民族团结进步创建活动领导体制和工作机制，修订完善更加科学的创建活动测评考核体系。推动民族团结进步创建活动人文化、实体化、大众化，在进机关、进企业、进社区、进乡镇、进学校、进军营的基础上，进一步扩大覆盖面，培养树立各级各类示范典型，发挥好兴安盟及其他创建示范单位的典型引领和示范带动作用。继续深入开展民族团结进步表彰活动，大力宣传民族团结进步先进事迹，形成以维护民族团结为荣、损害民族团结为耻的社会风尚。积极推动构建相互嵌入式的社会结构和社

会环境,着力创造共居、共学、共事、共乐的社会条件,使各族群众真心交朋友、做和睦邻居、结美满婚姻,手足相亲、守望相助,像石榴籽一样紧紧抱在一起。

4.加快少数民族和少数民族聚居区经济社会发展,确保各民族在全面建成小康社会的征途上不掉队

内蒙古东部五盟市和其他地区的少数民族聚居区经济社会发展相对滞后,是自治区全面建成小康社会的难点和短板。要采取有力措施解决区内地域之间、城乡之间发展不平衡不充分的矛盾,不断满足少数民族群众日益增长的对美好生活的需要。对牧业旗县、边境旗市、自治旗、民族乡和少数民族人口相对集中的其他地区,进一步完善一般性财政转移支付增长机制,加大对少数民族聚居地区重大民生工程、重大基础设施建设、重大基本公共服务项目、重大生态保护工程的投入。深入开展调查研究,制定加快少数民族和少数民族聚居区经济社会发展的差别化政策。做好兴边富民行动和扶持人口较少民族发展工作,研究自治区人民政府贯彻落实国家《"十三五"促进民族地区和人口较少民族发展规划》《兴边富民行动"十三五"规划》的具体举措,制定自治区《"十三五"时期加快少数民族聚居区发展的实施意见》,落实好国家民族贸易和少数民族特需商品生产优惠政策。抓好少数民族聚居区扶贫工作,改善和保障少数民族群众民生。深入落实自治区《民族教育条例》,坚持优先重点发展民族教育,做好参加第十一届全国少数民族传统体育运动会的筹备和各项目队组队工作。支持蒙中医药事业发展,加强蒙中医药基础设施和标准化建设,实施蒙中医药科技创新工程,促进民族医药振兴发展。

5.打造一支忠诚干净担当的民族干部队伍,不断提高处理民族事务的能力和水平

学习贯彻落实十九大精神,做好新时代民族工作,关键在党、关键

在人。要把学习贯彻十九大精神作为当前首要的政治任务,以习近平新时代中国特色社会主义思想武装头脑,加强调查研究,提出切合实际、可行管用的民族工作方面政策建议,充分发挥自治区党委政府的参谋助手作用。持之以恒加强机关党的建设,教育引导机关干部不断增强政治意识、大局意识、核心意识、看齐意识,树立道路自信、理论自信、制度自信、文化自信,打造一支忠诚干净担当和明辨大是大非立场特别清醒、维护民族团结行动特别坚定、热爱各族群众感情特别真挚的民族工作队伍。

我们将更加紧密地团结在以习近平同志为核心的党中央周围,以学习贯彻党的十九大精神为新的历史起点,不忘初心、牢记使命,高举旗帜、团结奋斗,精心做好民族工作,努力开创民族团结进步事业新局面,为实现"建设亮丽内蒙古、共圆伟大中国梦"做出更大的贡献。

二、文件

(一)内蒙古自治区关于进一步开展民族团结进步创建活动的实施意见(内民委发〔2011〕17号)

维护民族团结,是民族工作的第一职责。开展民族团结进步创建活动,是加强和创新社会管理、推进民族团结进步事业的重要举措,是坚持和完善民族区域自治制度的内在要求,是促进内蒙古经济社会发展,维护民族团结、社会稳定和国家统一的重要保证。为贯彻落实《中央宣传部、中央统战部、国家民委关于进一步开展民族团结进步创建活动的意见》,结合内蒙古民族工作的实际,就进一步开展民族团结进步创建活动提出以下意见。

1. 总体要求

高举中国特色社会主义伟大旗帜,以邓小平理论和"三个代表"重要思想为指导,深入贯彻落实科学发展观,牢牢把握各民族"共同团结奋斗、共同繁荣发展"的民族工作主题,广泛组织各族群众,发动各方

面力量,采取多种形式,深入开展民族团结进步创建活动,推进党和国家各项政策的贯彻落实,促进少数民族和少数民族聚居地区经济社会发展,努力维护民族团结、社会稳定、边疆安宁,为建设团结和谐、繁荣发展的内蒙古做出贡献。

2.创建目标

——党的民族政策和民族法律法规得到全面贯彻落实。切实把民族法律法规和民族政策落实到民族工作的各个方面、各个环节,真正转化为维护民族团结、社会稳定、边疆安宁和国家统一、保障少数民族合法权益、促进民族团结进步事业的巨大力量,民族问题得到及时有效解决,平等、团结、互助、和谐的社会主义民族关系,在新的历史条件下不断得到巩固和发展。

——少数民族和少数民族聚居区发展步伐明显加快。发展是解决我区民族问题的基础,是确保民族地区团结稳定、长治久安的必然要求。在民族团结进步创建活动中,要把贯彻落实中央和自治区关于推动少数民族和少数民族聚居区发展的一系列举措,保障富民强区和"十二五"时期各项目标任务的实现,切实保障和改善民生,作为民族团结进步创建活动的重要内容,着力解决各族群众最关心最直接最现实的问题,民族区域自治制度的优越性得到全面体现。

——人民富裕、民族团结、社会稳定、边疆安宁、祖国统一的政治局面进一步巩固。要从加强和创新社会管理的角度,加强和完善少数民族流动人口的服务和管理,加强和完善基层服务和管理体系,形成科学有效的利益协调保障机制、诉求表达机制、矛盾调处机制,使影响民族团结的因素及问题得到及时妥善处理和解决,影响民族团结的矛盾和隐患有效消除,社会主义法制、人民群众根本利益、民族团结、社会稳定和祖国统一,得到切实维护,民族关系更加和谐,为构建祖国北疆安全稳定屏障做出应有贡献。

——民族团结教育取得切实成效。各族人民群众不断增强对伟大祖国的认同、对中华民族的认同、对中华文化的认同、对中国特色社会主义道路的认同;增强汉族离不开少数民族,少数民族离不开汉族,少数民族之间也相互离不开的思想观念;各民族风俗习惯和优秀传统文化得到尊重、传承和保护;各族人民群众的中华民族意识、国家意识、法制意识、公民意识明显增强。

——涌现出一大批民族团结进步模范集体和模范个人。通过开展民族团结进步创建活动,涌现出一大批民族团结进步模范集体和个人。要培养和表彰一大批自治区级民族团结进步模范旗(县、市)、模范乡(镇、苏木)、模范村(嘎查、社区)和模范单位,培养和表彰一大批民族团结进步模范个人。通过发挥模范个人的典型示范和榜样带动作用,模范集体的团结凝聚和稳定保障作用,进一步巩固和发展民族团结、经济发展、社会稳定的大好局面,促进和谐内蒙古建设。

3. 具体措施

开展民族团结进步创建活动,要按照围绕中心、因地制宜、夯实基础、讲求实效的具体要求,把民族团结进步创建活动与本地区、本部门中心工作紧密结合起来,采取行之有效的办法和途径,切实打牢民族团结进步的基础,为中心工作创造一个团结稳定的良好氛围,取得实实在在的成效。

(1)大力加强民族团结进步宣传教育

开展民族团结教育活动应当坚持因人施教、正面教育、注重实效、与时俱进的原则,与爱国主义教育活动结合起来,与社会主义精神文明建设结合起来,与公民道德建设结合起来,大力弘扬社会主义核心价值体系,大力弘扬民族大团结大发展大繁荣的主旋律,切实打牢民族团结的思想基础。

①努力搞好民族团结进步创建活动的新闻宣传工作,为开展民族

团结进步创建活动营造良好的舆论氛围。每年5月集中进行马克思主义民族理论、党的民族政策和民族区域自治制度的宣传,9月集中进行民族团结进步活动月的宣传;在三个少数民族自治旗和18个民族乡建旗、建乡纪念日、我区世居少数民族传统节日期间,有针对性地组织成就展和宣传活动。各地、各有关部门要把统一要求和本地实际结合起来,制定宣传工作方案,有计划有步骤地实施,确保一切宣传阵地、一切传播渠道都成为维护民族团结进步、促进社会稳定和谐的重要力量。

②按照既要教育群众,更要教育干部;既要教育少数民族干部,更要教育汉族干部;既要教育一般干部,更要教育领导干部的要求,抓好各级干部的学习教育。要以中央宣传部宣传教育局、教育部思想政治工作司、国家民委政策法规司共同组织编写的《民族团结教育通俗读本》为基本教材,在全区各级干部职工中深入开展民族理论和民族政策教育,增强宣传教育的针对性和有效性。各级党校要充分发挥干部教育主阵地作用,深入开展形式多样、内容丰富的民族团结教育活动。

③切实把民族团结教育纳入国民教育全过程,帮助各族青少年牢固树立正确的民族观。学校是对青少年进行民族团结教育的主阵地、主渠道,一定要从培养社会主义事业的合格建设者和可靠接班人的战略高度,重视对青少年的民族团结教育。中小学要按照《学校民族团结教育指导纲要(试行)》要求,开设民族团结教育相关课程,高校要在思想政治理论课和形势与政策课中充实民族团结教育的内容,进一步完善各级各类学校民族团结教育课的教育教学工作,使民族团结教育进教材、进课堂,入心入脑。

④大力开展先进典型学习宣传活动。在抓好经常性的宣传工作的基础上,每五年组织一次全区性的民族团结先进事迹报告团赴各地巡回报告;组织培训一批民族团结模范集体和模范个人,不定期到学校、

企事业等单位,做民族知识讲座、民族团结教育报告。

⑤充分利用爱国主义教育基地和民族团结进步教育基地,组织各族群众参观学习,各级各类学校要组织开展主题班会、团队活动、民族团结进步夏令营(冬令营)等专题活动。加强对民族团结教育基地的建设,不断丰富教育基地的内容,使教育基地切实在弘扬爱国主义精神、促进民族团结方面发挥重要作用。

⑥加强对出版物、广播影视作品和互联网等信息的管理,杜绝出现伤害民族感情、有损民族团结和违反民族政策的内容。

(2)广泛开展民族团结进步表彰活动

自治区每五年召开一次民族团结进步表彰大会。坚持精神奖励与物质奖励相结合,以精神奖励为主的原则,对受到自治区表彰的民族团结进步模范集体和模范个人,由自治区党委、政府分别授予"全区民族团结进步模范集体""全区民族团结进步模范个人"荣誉称号,颁发奖牌(奖章)和证书。模范个人享受自治区劳模待遇。各地区、各部门、各行业要结合实际,定期召开民族团结进步表彰大会,同时要组织好其他形式的表彰活动。

在全社会广泛开展创建民族团结进步模范旗(县、市)、模范乡(镇、苏木)、模范村(嘎查、社区)、模范单位和模范个人活动。制定自治区级民族团结进步模范旗(县、市)、模范乡(镇、苏木)、模范村(嘎查、社区)、模范单位和模范个人创建标准,对达到要求的进行验收和命名。对授予为民族团结进步模范集体和模范个人进行动态管理。受自治区及国务院表彰的模范集体应在达到民族团结进步创建标准并通过验收的单位中产生,没有被评为模范集体的单位主要领导不得被评为模范个人。

要关心和爱护民族团结进步模范集体和模范个人。逢重大节日,各级民族工作部门要对他们进行走访慰问,有条件的可组织参观、

学习。

对长期以来积极开展民族团结进步活动,聚精会神搞建设,一心一意谋发展,为维护民族团结、社会稳定、边疆安宁、国家统一做出突出贡献的地区,给予奖励性的资金和政策支持,支持这些地方发展经济,改善民生,提高城乡居民收入水平。

(3)深入开展民族团结进步表彰月活动

我区自1983年将每年9月确定为全区民族团结进步活动月以来,民族团结进步创建活动已持续开展至今。实践证明,民族团结进步活动月是开展民族团结进步创建和表彰活动的重要形式,是推进民族团结进步事业蓬勃发展的有效载体。在新的历史时期和新的形势下,要进一步总结活动月工作的经验,创新活动月的内容和形式,把活动月工作和其它民族团结进步创建工作有机结合起来,切实把活动月工作开展起来,坚持下去,取得实效。要根据自治区形势和需要确定活动月主题和内容,围绕中心、服务大局,通过广泛深入开展活动月工作,不断推动民族团结进步事业迈上新台阶。

(4)加快少数民族聚居地区经济社会发展

继续大力推进兴边富民行动,扶持人口较少民族加快发展,自治区对国家拨付的兴边富民和扶持人口较少民族专项资金给予一定的配套资金。

自治区要积极争取,将东部五盟市作为集中连片少数民族聚居地区,请国家给予扶持。自治区将少数民族人口比例超过30%的旗县(市、区)、三少民族自治旗、民族乡,作为少数民族聚居区给予扶持,在财政转移支付、生态和基础设施建设、扶贫开发、生态移民、民生保障、公共服务等方面实行政策倾斜。各盟市、旗县要比照自治区的扶持政策,对所辖乡镇(苏木)和村(嘎查)实行政策倾斜和资金支持。

自治区继续组织有关部门对少数民族聚居的贫困旗县进行重点

帮扶,逐步建立起人才、技术、管理、资金等全方位帮扶的长效机制,把保障和改善民生放在帮扶的优先位置,着力帮助各族群众解决就业、教育、住房等基本民生问题,着力支持当地特色优势产业发展。有关部门要统筹协调、密切协作,形成工作合力,积极支持少数民族聚居区加快经济社会发展。

各盟市、旗县(市、区)要统筹辖区内各区域协调发展,对发展相对滞后的少数民族聚居区,采取党委政府重点支持、全社会关怀支援等方式,加快其经济社会发展步伐。

(5)促进优秀民族文化的传承和繁荣发展

加强少数民族文化建设,丰富少数民族精神文化生活,对增强民族凝聚力向心力,促进民族团结进步具有十分重要的意义。要认真贯彻落实全国少数民族文化工作会议精神和《内蒙古自治区人民政府关于进一步繁荣发展民族文化事业的决定》,以建设社会主义核心价值体系为主线,以完善公共文化服务体系为重点,以加强基础设施建设为手段,进一步繁荣发展少数民族文化事业,不断满足各族群众日益增长的精神文化需求。要坚持将繁荣发展少数民族文化作为开展民族团结进步创建活动的重要载体,定期组织举办内蒙古民族文艺会演和全区少数民族传统体育运动会,开展好少数民族文艺和体育活动,特别是利用少数民族传统节假日、传统文化赛事等,采取多种有效的形式,开展民族团结进步创建活动,推动各族群众更好地继承和弘扬中华文化优秀传统,不断增强对中华民族的归属感、对中华文化的认同感、对伟大祖国的自豪感。

切实落实优先、重点发展民族教育事业的方针,推进双语教育、职业教育和实用技能培训,促进城乡基础教育均衡发展。着力培养兼通蒙汉两种语言文字的各类专业人才。大力保护、抢救少数民族非物质文化遗产和民族民间文化艺术,收集、整理和出版民族古籍,扶持发展

民族文化产业。

(6)保障和实现好各族群众的合法权益

尊重少数民族的风俗习惯,保障少数民族公民宗教信仰自由,禁止民族歧视,禁止破坏民族团结的行为。宾馆、饭店、机场、车站等公共场所,不得因生活习俗和宗教信仰不同,拒绝接待和歧视各民族公民。

各级党委和政府要采取有效措施,重视培养、使用少数民族干部和各类专业技术人才。制定特殊政策,拓宽蒙古语言文字授课的大中专毕业生就业渠道。自治区行政区域内的社会市面用文应当并用蒙汉两种文字。公共服务行业向使用蒙古语言文字的公民提供服务时,应当使用蒙古语言文字。

(7)依法妥善处理影响民族团结的问题

当前,我区的发展正处于历史上最好的时期,人心思稳,人心思定,民族团结面临的形势很好。但是,由于历史原因、地理条件限制、发展基础薄弱,以及境外敌对势力始终图谋破坏等因素,影响民族团结的诸多问题还将长期存在。

要严格区分和正确把握不同性质的矛盾,坚持具体问题具体分析,是什么问题就按什么问题处理,不能把与民族关系无关的问题归入民族问题。坚持法律面前人人平等。凡属违法犯罪的,不论涉及哪个民族,都要坚决依法处理。

定期排查、及时化解影响民族团结的重点问题和隐患。对人民内部矛盾,要采取教育、疏导、化解的办法来解决;对蓄意挑拨民族关系、破坏民族团结、制造恶性事件的行为,以及境外敌对势力打着"民族""宗教"旗号进行的破坏、分裂、渗透活动,依法坚决予以打击。

坚持以人为本,统筹发展,把推动发展作为解决影响民族团结问题的关键,将不稳定因素化解在基层,化解在萌芽状态。深入开展社会主义法制教育,引导各族群众学会运用法律来表达诉求和维护权益,做知法守法的公民。对少数民族特困群体提供法律援助。

4.工作机制

民族团结进步创建活动要实现科学化、规范化、长期化,必须建立健全推动工作的长效机制。

(1)组织领导机制

自治区每五年召开一次全区民族工作会议,研究部署全区民族工作。各地区、各部门要站在党和国家事业发展全局的战略高度,充分认识开展民族团结进步创建活动的重要性,建立和完善民族团结进步长效机制,确保民族团结进步创建活动有效开展。要实行目标责任制,把民族团结进步创建活动作为领导干部考核的重要内容。要加强调查研究,及时总结、交流和推广民族团结进步创建活动中积累的经验和做法。

全区民族团结进步创建活动,由自治区党委宣传部、党委统战部、自治区民委共同负责,自治区民委负责创建活动的日常工作。各盟市(旗县)可在党委、政府领导下,由宣传、统战、民族工作部门共同负责,具体工作由民族工作部门负责。各相关部门也应根据实际情况,有专门机构和人员负责民族团结进步创建活动的具体工作。

(2)协调配合机制

民族团结进步创建活动需要各方面、各部门各司其职、通力合作、密切配合,共同推进。宣传、统战、民族等相关工作部门要在当地党委、政府领导下,充分发挥职能作用,加强对创建活动的组织协调,推动创建活动有效开展。各相关部门也要结合自己的职能,从实际出发,积极开展民族团结进步创建活动。在机关、企业、社区、乡镇、学校,要建立健全以基层党组织为核心、广泛吸收各方面参加的创建工作网络,积极组织各族群众开展创建活动。

(3)监督检查机制

要把民族团结进步创建活动开展情况列入各地区、各部门监督检查的内容,制定监督检查规划,采取专题检查、重点抽查等方式,切实加强监督检查工作,着力解决创建活动中出现的问题和存在的薄弱环节,推动创建活动的健康发展。要把有利于民族团结进步、有利于各民族共同繁荣发展、有利于民族交往交流交融、有利于国家统一和社会稳定作为衡量民族工作成效的重要标准,作为衡量民族团结进步创建活动成效的重要标准。

(4)条件保障机制

民族团结进步创建活动是一项长期的、经常性工作,需要一定的工作条件。要重视对民族团结进步创建活动的经费投入,并列入预算,努力提供相关的工作条件,以确保各项活动的顺利开展。

中共内蒙古自治区委员会宣传部
中共内蒙古自治区委员会统战部
内蒙古自治区民族事务委员会
二〇一一年四月八日

(二)内蒙古自治区民族团结进步创建活动示范单位命名管理办法(内民委发〔2013〕24号)

第一条 为更加广泛深入持久地开展民族团结进步创建活动,实现全区民族团结进步创建活动科学化、规范化、长期化,根据《中央宣传部、中央统战部、国家民委关于进一步开展民族团结进步创建活动的意见》《自治区党委宣传部、自治区党委统战部、自治区民委关于进一步开展民族团结进步创建活动的实施意见》(内民委发〔2011〕17号),制定本办法。

第二条 对符合《内蒙古自治区民族团结进步创建活动示范单位命名管理办法》(以下简称"办法")的单位,授予"内蒙古民族团结进步创建活动示范单位"称号。

第三条 内蒙古创建活动示范单位命名管理面向全区各旗县(市、区)、苏木(乡镇、街道)行政区划单位及嘎查(村、社区);企事业单位;学校;社会组织;人民解放军、武警部队团级(含)以下单位等等。

第四条 内蒙古民族团结进步创建活动示范单位应具备以下条件:

1.基本条件

高举中国特色社会主义伟大旗帜,以邓小平理论、"三个代表"重要思想、科学发展观为指导,以促进党的民族政策和民族法律法规得到全面贯彻落实,民族关系更加和谐,向心力进一步增强,少数民族和少数民族聚居区经济社会快速健康发展,民族风俗和优秀传统文化得到尊重、保护和传承,在促进各民族"共同团结奋斗、共同繁荣发展"中取得显著成绩,在全区具有典型示范作用。

2.具体评价指标

(1)加强对民族团结进步创建活动的领导,建立健全领导体制和工作机制,定期研究部署工作,有必要的经费保障。

(2)广泛深入持久开展民族团结进步宣传教育。学校(党校)民族团结教育正规、有效;定期、广泛开展对全社会的宣传教育;党员干部特别是主要领导干部对党的民族理论和政策认识全面正确。

(3)扎实开展民族团结进步活动月工作,定期召开民族团结进步表彰大会。

(4)对少数民族聚居区给予政策倾斜和资金支持,少数民族聚居区经济社会发展水平和民生状况与本区域内整体发展相和谐。

(5)合理配备实行区域自治的民族和其他少数民族的干部;对主要面向少数民族和少数民族聚居区工作的地方和部门,合理配备能够使用少数民族语言文字进行工作的干部。

(6)《内蒙古自治区蒙古语言文字工作条例》得到切实贯彻落实；优秀民族文化得到保护和发展。

(7)尊重少数民族的风俗习惯和宗教信仰。

(8)及时掌握民族问题、民族工作、民族关系的发展变化,并主动采取切实可行措施进行引导和解决。

(9)依法妥善处理影响民族团结、社会稳定的问题。

第五条 内蒙古民族团结进步创建活动示范单位的申报和命名程序。

1.申报单位应按内蒙古民族团结进步创建活动示范单位的基本条件,制定本单位的创建目标及具体工作方案,形成申报材料。

2.各盟市民族工作部门对申报单位进行初审,对符合条件的单位,经本级宣传、统战部门同意后,向自治区民委推荐。自治区党政机关、企事业单位由主管部门初审并向自治区民委推荐。人民解放军和武警、森警、边防、消防部队申报单位由所属政治部初审后推荐。

3.自治区党委宣传部、统战部、自治区民委对申报单位的事迹进行评审,对拟命名的示范单位向社会公示后,由三部委联合发文命名。

第六条 内蒙古民族团结进步创建活动示范单位命名工作的组织和管理。

1.自治区党委宣传部、统战部、自治区民委负责内蒙古民族团结进步创建活动示范单位命名工作,为示范单位的建设、管理、示范营造良好的政策环境,组织或支持经验交流和培训活动,加大宣传力度,扩大示范效应。

2.内蒙古民族团结进步创建活动示范单位命名的具体工作由民族工作部门负责。

3.内蒙古民族团结进步创建活动示范单位命名与国务院民族

团结进步表彰活动和推荐全国民族团结进步创建活动示范单位相结合。被命名为内蒙古民族团结进步创建活动示范单位的,优先推荐为国务院民族团结进步模范集体;未被命名为内蒙古民族团结进步创建活动示范单位的,不具备推荐为全国民族团结进步创建活动示范单位资格。

4. 内蒙古民族团结进步创建活动示范单位命名工作原则上每 2 年进行一次;对已命名的示范单位,每 5 年进行一次复核。对在复核中已不具备典型示范性的单位及命名后发生涉及民族因素的重大群体性事件的单位,取消称号。

第七条　各盟市、相关单位可根据本办法,制定具体意见或实施细则。

第八条　本办法由自治区民委负责解释。

第九条　本办法自印发之日起实施。

(三)关于全面深入持久开展民族团结进步创建工作铸牢中华民族共同体意识的实施意见(内党办发〔2019〕7 号)

为贯彻落实中共中央办公厅、国务院办公厅印发的《关于全面深入持久开展民族团结进步创建工作铸牢中华民族共同体意识的意见》精神,深化新时代我区民族团结进步创建工作,促进全社会铸牢中华民族共同体意识,扎实推进民族团结和边疆稳固,汇聚建设亮丽内蒙古、共圆伟大中国梦的强大合力,现提出如下实施意见。

1. 总体要求

(1)重大意义。中华民族共同体意识是国家统一之基、民族团结之本、精神力量之魂。内蒙古自治区成立 70 多年来,各族人民始终心向党、心向党中央,赢得并长期呵护了"模范自治区"的崇高荣誉。党的十八大以来,在党中央坚强领导下,自治区党委和政府团结带领全区各族干部群众,认真学习贯彻习近平总书记关于民族工作的重要论述和对内蒙古工作的重要讲话重要指示精神,深入践行守望相助理念,扎实推进民族团结进步创建工作,各民族交往交流交融广泛拓展,中华民族共同体意识不断增强,平等团结互助和谐的社会主义民族关系日益巩固,祖国北疆经济发展、民族团结、文化繁荣、边疆安宁、生态文明、各族人民幸福生活的风景线更加亮丽。同时要看到,我区民族团结进步创建工作仍然存在体制机制不够健全、载体方式不够适应等薄弱环节,一些地方和部门不够重视,责任落实不够到位,工作措施不够精准。适应新时代发展历史方位,以各族群众为主体,以铸牢中华民族共同体意识为根本方向,以加强各民族交往交流交融为根本途径,全面深入持久开展民族团结进步创建工作,是做好新时代我区民族工作的生命线工程,是决胜全面建成小康社会,建设现代化内蒙古的基础性工程。

(2)指导思想。高举中国特色社会主义伟大旗帜,坚持以习近平新时代中国特色社会主义思想为指导,全面贯彻党的十九大和十九届二中、三中全会精神,深入贯彻习近平总书记考察内蒙古重要讲话和参加十三届全国人大一次会议内蒙古代表团审议时的重要讲话精神,增强"四个意识",坚定"四个自信",坚持稳中求进工作总基调,坚持以人民为中心的发展思想,紧紧围绕共同团结奋斗、共同繁荣发展主题,秉持"重在平时、重在交心、重在行动、重在基层"理念,按照人文化、实体化、大众化总要求,全面深入持久开展民族团结进步创建工作,突出创建主题,把握创建方向,深化创建内涵,丰富创建形式,扩大参与范围,提升创建水平,大力营造中华民族一家亲的社会氛围,为建设亮丽内蒙古、共圆伟大中国梦凝聚磅礴的精神力量,让"模范自治区"的崇高荣誉永放光彩。

(3)基本原则。坚持党对民族工作的集中统一领导,坚持以铸牢中华民族共同体意识为根本方向,坚持以加强各民族交往交流交融为根本途径,坚持以"中华民族一家亲,同心共筑中国梦"为总目标,坚持依法治理民族事务促进民族团结,坚持遵循社会团结规律和加强正面引导。

(4)总体目标。当前和今后一段时期,通过全面深入开展民族团结进步创建工作,推动实现中华民族伟大复兴的中国梦。中国特色解决民族问题正确道路和党的民族理论政策更加深入人心,各族群众的道路自信、理论自信、制度自信、文化自信更加坚定,"草原儿女心向党、心向党中央"的信念深入人心;各民族交往交流交融进一步加强,民族团结进步价值理念广泛弘扬,中华民族共同体意识和凝聚力不断增强,依法治理民族事务能力显著提高,社会主义民族关系进一步巩固和发展,各族群众的获得感安全感幸福感持续增强,建设新时代"模范自治区"的思想政治基础更加牢固。

2. 深化民族团结进步宣传教育

(1)加强中华民族共同体教育。教育引导各族群众特别是青少年牢固树立自己是中华民族一员的认识,首先知道自己是中华民族,清楚认识中国、中华民族、中华文化、中华文明和中国各民族之间的内在关系,清楚认识中华民族和各民族的关系是一个大家庭和家庭成员的关系、各民族之间的关系是一个大家庭里不同成员的关系,清楚认识各民族只有把自己的命运同中华民族的命运紧密联系在一起才能拥有更加光明的前途和更加美好的未来,切实树立正确的国家观、民族观、宗教观、历史观、文化观。坚持以社会主义核心价值观为引领,加强青少年思想政治教育,加大基层群众思想政治工作力度,大力弘扬民族精神、时代精神,深入挖掘各民族文化的精神和价值,为培育和践行社会主义核心价值观提供更多文化养分,实现个人、社会、民族、国家价值观的内在统一。深入开展革命历史教育、中国特色社会主义和中国梦宣传教育,大力宣传近代以来中国各民族为民族独立,国家富

强共同牺牲,共同奋斗的光辉历史;大力宣传中国共产党领导各族人民浴血奋战,从站起来、富起来到强起来的艰辛历程;大力宣传党的精神谱系,传承红色基因;大力宣传实现中国梦就是实现各民族团结奋斗梦、繁荣发展梦,引导各族群众不断增强"五个认同",把智慧和力量凝聚到促进民族团结、共建美好家园上来。深入开展党的民族理论政策教育,引导各族干部群众深入学习贯彻习近平总书记关于民族工作的重要论述,深刻认识民族区域自治制度的创造性、重要性和优越性,不断增强贯彻党的民族理论政策的自觉性和坚定性。

(2)把民族团结进步教育纳入干部教育全过程。把习近平总书记关于民族工作的重要论述和党的民族理论政策作为各级党委(党组)理论学习中心组学习的重要内容,纳入干部职工教育培训范围,纳入各级党校(行政学院)、干部学院、社会主义学院培训计划,把民族团结进步教育作为重要内容纳入干部任职培训,公务员入职培训。

(3)把民族团结进步教育纳入国民教育全过程。坚持从小就抓、从学生抓起,构建课堂教育、社会实践、主题教育多位一体的教育平台。在幼儿园深入开展"立德育苗"活动,将爱国主义意识植入儿童心间。在中小学、中等职业学校、高校开设民族团结课程,按规定课时安排教学。加强民族团结教学资源建设,加大师资培养和培训力度,加强对各级各类学校民族团结进步教育校本课程的统一指导和监督检查。各级各类学校要坚持举行升国旗、唱国歌仪式,广泛开展爱国主义和民族团结进步教育"七个一"活动,即每年召开一次主题班会,每个学生参加一次实践活动、学习一个典型模范、讲述一个故事、学唱一首歌曲、撰写一篇作文、参观一次展览。坚持把"五个认同"教育抓在日常、抓在经常,针对不同年龄段学生特点组织开展丰富多彩的教育活动,让民族团结进步理念,中华民族共同体意识入脑入心。

(4)把民族团结进步教育纳入社会教育全过程。深入推动民族团结进步教育进机关、进企业、进社区、进乡村、进军营、进宗教活动场所,做到全方位、多渠道、广覆盖。广泛开展"结对子""心连心""一家亲"等多层次多领域多样化的民族联谊活动。围绕"我和我的祖国""你好新时代"等主题,广泛开展知识竞赛、征文演讲、诗歌朗诵、大合唱、广场舞展演等活动。拓展民族团结进步教育载体,利用各类讲堂、文化活动场所,依托铁路、公路、民航、银行、政务服务大厅等服务行业,窗口单位大力开展民族团结进步宣传教育。各级各类媒体要创建专栏,拿出黄金时段和重要版面,持续做好民族团结先进典型事迹宣传报道,旗县级融媒体中心要面向基层群众讲好民族团结故事。办对"民族节庆"主题活动。

（5）大力实施中华优秀传统文化传承发展工程。实施优秀传统文化理论研究阐释工程,重点推出一批在研究转化推广内蒙古历史文化方面的标志性成果。实施优秀传统文化保护振兴工程,在推进文物保护利用、非物质文化遗产保护传承、少数民族特色文化和红色文化保护中,大力宣传中华文化是各民族文化集大成、草原文化是中华文化的有机组成部分。实施文艺精品创作生产工程,鼓励文艺工作者从优秀传统文化中汲取营养,创作一批体现时代特征、富有地域特色、深受群众喜爱的精品力作。实施优秀传统文化普及教育工程,把弘扬中华优秀传统文化核心理念,中华传统美德融入公民思想道德建设、文化设施建设和新时代文明实践全过程。实施优秀传统文化实践养成工程,推动优秀传统文化融入城乡建设,深入开展"我们的节日"主题活动,开展少数民族传统体育进万家、进校园活动,推动民族文化与旅游融合发展。实施中华优秀传统文化传播推广工程,充分利用各种传媒特别是网络平台,创建普及教学,创作表演、文化创意研发的大众共享平台,打造优秀传统文化栏目。加强同"一带一路"沿线国家的文化交流合作,向世界展示我国民族团结进步事业取得的伟大成就和内蒙古的成功实践。

（6）创新民族团结进步宣传教育方式。推进"互联网＋民族团结"行动,打造网上文化交流共享平台,运用大数据技术促进民族团结进步工作。运用新技术,新媒体打造实体化、大众化宣传载体,继续深化"宪法宣传周""民族法制宣传周""民族团结进步活动月"活动。充分利用"学习强国""学习讲堂"平台,建立民族团结进步教育专门网站、微信公众号、手机APP、客户端等,大力宣传党的民族理论政策,积极传递民族团结进步好声音。加强"滴灌式"宣传和全媒体产品生产,制作一批民族团结进步优秀网络文化作品、公益广告、微电影等,唱响互联网平台民族团结进步主旋律。做好涉及民族因素舆情监测、分析、评估工作,健全网络舆情管控引导机制,加快民族工作网评员队伍建设,正确引导涉及民族因素的舆论舆情。建立自治区、盟市、旗县（市、区）、苏木乡镇(街道)、嘎查村(社区)横向到边、纵向到底的民族团结进步网络交流群,实现资源信息共享。建立"互联网＋民族团结"行动微矩阵,发挥其民族团结知识库,正面信息传声筒,舆情管理处置器的作用。

（7）加强民族问题研究队伍和基地建设。创新人才工作机制,培养造就一大批民族理论政策人才,建立专门人才库,为全面深入持久开展民族团结进步创建工作提供人才支撑。整合党政机关、党校（行政学院）、社会主义学院、社会科学院、各高校及社会智库力量,加强中国特色社会主义民族理论政策体系研究,加强习近平总书记关于民族工作的重要论述研究,加强建设新时代"模范自治区"理论与实践研究,加强我区民族团结进步创建体制机制及实践经验研究,形成一批实践指导性强,在全国有影响力的研究成果。

3.促进各民族交往交流交融

（1）推进建立相互嵌入的社会结构和社区环境。以城乡社区为平台,从居住生活、工作学习、文化娱乐等日常环节入手,积极营造各民族共居共学共事共乐的社会条件,开展各族群众交流、培养、融洽感情的工作,逐步由空间嵌入拓展到经济、文化、社会和心理嵌入,形成密不可分的共同体。鼓励各族群众跨城乡跨区域有序流动、创业发展。鼓励各民族联合创业、扶贫济困、守望相助。以少数民族流动人口为主开展"美好城市手拉手"活动,把少数民族流动人口工作纳入城市流动人口整体工作统筹规划,重点解决好少数民族流动人口的特殊困难和问题,构建"共生共荣,共建共享"城市民族工作格局,使各民族水乳交融、荣辱与共,共建美好家园,共享美好生活。

(2)搭建促进各民族沟通的文化桥梁。坚定不移推行国家通用语言文字,加强双语教育,加强少数民族语言授课中小学师资队伍建设和有关资源建设,以语言通促进民心通。鼓励各民族互相学习语言文字,深入开展学习和使用蒙古语言文字表彰活动。加强蒙古语言文字标准化、规范化、信息化建设,规范社会市面蒙汉两种文字并用管理和蒙古语文翻译工作。坚持以社会主义先进文化引领促进各民族文化传承发展,提倡文明现代的生活方式,引导和帮助各族群众追求现代文明生活。强化全体公民日常行为规范,完善市民公约、村规民约、学生守则、行业规章、职业规则、团体章程,将民族团结落在日常生产生活当中,营造自觉遵法守法、尊重少数民族风俗习惯和宗教信仰、维护民族团结的社会氛围。

(3)加快民族地区脱贫攻坚和全面小康进程。紧紧围绕全面建成小康社会目标,完善差别化支持政策,加大对少数民族聚居地区重大民生工程、基础设施建设、基本公共服务项目、生态保护工程的投入,大力发展优势特色产业,让同一区域的各族群众共享改革发展成果。着力在兴边富民行动、扶持人口较少民族发展、少数民族特色村镇保护与发展、少数民族传统手工艺品保护传承,扶持民族贸易和民族特

需商品生产等方面取得新进展,打牢守边固边的民族团结基础。坚持民族和区域相统筹,以集中连片特困地区和少数民族聚居地区为主攻方向,加大扶贫开发投入和工作力度,支持少数民族聚居的贫困地区和贫困群体提高自我发展能力,切实打好脱贫攻坚战,着力解决区域性共同问题,增进群众福祉,促进民族团结。

4.提升民族团结进步创建工作水平

(1)推动民族团结进步创建工作向纵深拓展。开展自治区、盟市、旗县(市、区),苏木乡镇(街道)、嘎查村(社区)五级联创。坚持将机关、企业、社区、乡镇、学校、宗教活动场所等作为民族团结进步创建的主阵地、主渠道,把创建工作重心下沉到苏木乡镇、嘎查村、街道社区、企业、学校等基层单位,拓展到新经济组织。突出干部、青少年、知识分子、信教群众等群体,加大重点行业,窗口单位等创建力度。加强民族团结进步教育基地建设,健全自治区、盟市、旗县三级教育基地体系。

(2)加强民族团结进步示范区(单位)建设。树立抓基层、强基础的导向,坚持以基层为重点,推进各级示范嘎查村、示范苏木乡镇、示范旗县(市、区)、示范盟市创建,选树一批可复制的区域类、行业类示范典型,形成各具特色的创建工作示范群体。认真总结推广民族团结进步示范单位的好做法、好经验,形成以点串线、以线连片、以片带面的示范创建格局。鼓励支持各地区各部门各单位创建全国和全区民族团结进步示范区(单位)。搭建交流平台,每2年召开一次全区民族团结进步创建工作经验交流现场会,开展经常性的"互观互学"活动。

(3)广泛开展民族团结进步表彰。修订《内蒙古自治区民族团结进步模范评选表彰办法》。自治区每5年召开一次全区民族团结进步表彰大会。盟市、旗县(市、区)按照有关规定开展民族团结进步表彰活动。民族团结进步模范个人享受同级劳模待遇。大力宣传民族团结进步模范集体和个人的事迹和精神,形成万众一心推进民族团结进步事业的良好氛围。

(4)提升依法治理民族事务水平。坚持和完善民族区域自治制度,全面贯彻落实宪法和民族区域自治法,坚持用法律规范民族关系,依法保障各民族公民合法权益。加强民族政策法规执行情况监督检查。加强民族法治宣传普及教育,编印蒙汉双语法律法规知识读本和法治宣传挂图,增强全社会尊法学法守法用法观念。加强蒙汉双语司法队伍建设,不断提高蒙汉双语"12348"法律平台和"草原110"服务水平。畅通少数民族流动人口合法表达利益诉求渠道,综合运用法律、教育、协商、调节等方法,积极预防和依法妥善处理影响民族团结的矛盾纠纷。坚决反对和纠正针对特定民族成员的歧视性做法。坚决打击破坏民族团结和制造民族分裂的违法犯罪行为。

5. 加强保障措施

(1)建立健全组织领导体制机制。各级党委和政府要将民族团结进步创建工作纳入重要议事日程,认真研究部署,加强统筹协调,推动民族团结进步创建工作深入开展。各地区各部门党政主要负责人要切实履行民族团结进步创建工作第一责任人职责,加强对创建工作的指导。自治区党委成立民族团结进步创建工作领导小组,自治区党委宣传部、党委统战部、民委共同负责民族团结进步创建工作。各有关部门要按照职责分工,密切配合,加强沟通,合力抓好落实。

(2)建立健全规划引领机制。制定自治区民族团结进步创建发展规划(2020~2027年),明确目标任务,细化工作重点,实化政策措施,部署若干重大工程、重大计划、重大行动,并将规划主要内容纳入自治区经济社会发展总体规划,与自治区精神文明创建专项规划、少数民族事业发展规划等相衔接。加强各类规划的统筹管理和系统衔接,形成城乡融合、区域一体、多规合一的规划体系。各地区要结合实际,进

一步细化目标任务,明确工作重点,抓好工作落实。

(3)建立健全考核评价和督查监督机制。把民族团结进步创建工作纳入各级党政领导班子和领导干部政绩考核内容,建立科学合理、操作性强的考评测评体系和办法。适时增加民族团结进步创建在文明城市、文明单位测评中的权重。建立健全督促检查机制,认真总结推广先进经验,及时解决存在问题和薄弱环节。切实发挥人大法律监督和政协民主监督作用,强化社会舆论监督,增强监督实效。

(4)建立健全政策保障机制。研究制定《内蒙古自治区民族团结进步条例》,为民族团结进步创建工作提供法治保障。加强民族工作部门建设,配齐配强民族工作干部,建立一支专业的创建工作队伍。民族团结进步创建工作经费纳入各级财政年度预算。把创建工作与扎实推动高质量发展、改善民生、脱贫攻坚、维护社会稳定等工作有机结合起来,以创建工作助推经济社会发展。

(5)建立健全示范引领机制。建立全国和全区民族团结进步模范集体考核推选机制,抓好选树模范集体的巩固提升工作。全区民族团结进步创建示范区(单位)原则上每2年命名一次,自治区对示范区(单位)实施动态管理,对已不具备示范作用的地区和单位,取消示范区(单位)称号。建立全区民族团结进步创建示范区(单位)数据库。

第二节 市旗政策文献

一、领导讲话

（一）牛俊雁在全市第四次民族团结进步表彰暨创建全国民族团结进步示范市动员大会上的讲话（鄂尔多斯市委书记）

（2017年9月30日）

在全市上下喜迎党的十九大胜利召开的重要时刻，鄂尔多斯市委、市政府隆重召开第四次民族团结进步表彰暨创建全国民族团结进步示范市动员大会，学习贯彻习近平总书记关于民族工作的重要论述、考察内蒙古重要讲话精神和为庆祝自治区成立70周年题词精神，表彰奖励近年来我市涌现出的民族团结进步模范集体和个人，动员部署创建全国民族团结进步示范市工作，对于深入推进全市民族团结进步事业、巩固发展各族人民大团结良好局面，具有十分重要的意义。首先，我代表市四大班子，向受到表彰的模范集体和个人表示热烈的祝贺！向为鄂尔多斯民族团结进步事业做出贡献的广大干部群众、社会各界人士和民族工作战线的同志们致以诚挚的问候！

鄂尔多斯是多民族聚居地区，在8.7万平方千米土地上生活着蒙古、汉、回、满等42个民族、20.6万少数民族群众，民族团结具有深厚

的历史渊源和广泛的现实基础。近年来，市委、市政府始终坚持各民族"共同团结奋斗、共同繁荣发展"主题，认真贯彻党的民族政策，全面落实中央和自治区关于民族工作的决策部署，全市各民族和睦相处、和衷共济、和谐发展，共同开创了改革开放和现代化建设的新局面，为全面建成较高质量小康社会奠定了坚实基础。

召开民族团结进步表彰暨创建全国民族团结进步示范市动员大会，既是对我市民族团结进步事业新成绩的一次大检阅，也是推进我市民族团结进步事业大发展的新起点。全市广大党员干部和各族人民群众一定要不忘初心、守望相助、团结奋斗，以"建设亮丽内蒙古，共圆伟大中国梦"为指引，更加扎实有效地做好民族工作，不断把全市民族团结进步事业推向前进，力争2018年建成全国民族团结进步示范市。

坚定正确的政治方向，筑牢民族团结进步事业的思想基础。坚持中国共产党领导，坚持中国特色社会主义，坚持民族区域自治制度，是发展民族团结进步事业最根本的原则、最根本的保证。党的十八大以来，以习近平同志为核心的党中央高度重视民族工作，大力支持民族地区发展。十八大后，习近平总书记考察少数民族自治区首先就来到内蒙古，提出了守望相助的重要要求、"四个着力"的重点任务、把祖国北部边疆这道风景线打造得更加亮丽的奋斗目标。自治区庆祝成立70周年时，习近平总书记欣然题词"建设亮丽内蒙古，共圆伟大中国梦"。习近平总书记的殷切希望和深情嘱托为我们推动民族地区发展、推进民族团结进步事业指明了前进方向、注入了强大动力。在自治区第九次民族团结进步表彰大会上，李纪恒书记强调，各民族大团结，无论过去、现在还是将来，都是全区各族人民的生命线；要站在自治区成立70周年的新起点上推进民族团结进步事业，更加扎实有效地做好民族工作，让各族人民心连心、手拉手的光荣传统代代相传，让"模范自治区"的崇高荣誉永放光彩。李书记的重要讲话，为我们做好新形势下民族工作提供了重要遵循。全市上下一定要深入学习贯彻习近平总书记系列重要讲话精神和党中央治国理政新理念新思想新战略，全面贯彻落实习近平总书记关于民族工作的一系列重要讲话、重要指示精神，认真学习贯彻习近平总书记考察内蒙古重要讲话精神及庆祝自治区成立 70 周年题词精神，切实增强"四个意识"，坚定"四个自信"，始终在思想上政治上行动上同以习近平同志为核心的党中央保持高度一致，坚决维护党中央权威和集中统一领导，深入贯彻落实宪法和民族区域自治法、民族区域自治制度，确保中央、自治区关于民族工作各项决策部署在鄂尔多斯落地生根，确保鄂尔多斯各项事业始终沿着正确方向前进。

坚持发展第一要务，夯实民族团结进步事业的物质基础。发展是解决一切问题的关键，是解决民族地区各种问题的总钥匙。我们要认真贯彻落实中央、自治区关于加快少数民族发展的一系列决策部署，坚持稳中求进工作总基调，加快发展、夯实基础，不断提高民族地区发展水平。要加快产业转型升级步伐，深入推进供给侧结构性改革，推动资源型产业升级示范、提质增效，推动战略性新兴产业集群建设、规模发展，推动现代服务业配套融合、重点突破，推动农牧业现代化、绿色化，促进民族特色产业蓬勃发展，不断增强民族地区发展的内生动力。要大力推进基础设施建设和新型城镇化进程，加强现代交通运输通道和能源输送通道建设，加快东阿康一体化进程，推动旗府所在地和重点镇建设，深入开展"美丽乡村"建设，打造品质城市。要正确处理经济发展与生态环境保护的关系，牢固树立"绿水青山就是金山银山"的理念，完善"三区"发展规划，严格落实国家节能减排和环境保护各项规定，加强自然生态系统保护和修复，切实筑牢祖国北疆生态安全屏障鄂尔多斯防线。

强化基本民生保障，共享民族团结进步事业的发展成果。推动各民族共同繁荣发展,实现各民族共同进步,是推进民族团结进步事业的着力点。要着力加强和改善民生,切实为少数民族群众解难事、办实事、做好事,不断提高各族群众的幸福指数。要坚决打赢扶贫攻坚战,继续加大对民族贫困地区的支持,市本级按照全市少数民族贫困人口每人每年100元的标准安排并设立少数民族贫困救助金,集中解决少数民族贫困人口生产生活困难,持续巩固脱贫攻坚工作成效。要切实抓好就业创业,加大创业培训、创业补贴、小额贷款等方面的政策倾斜,健全公共就业服务体系,促进少数民族群众创业就业。要优先发展民族教育,全面改善基层民族学校办学条件,加强民族教育师资队伍建设,普及蒙汉"双语"教育,落实好贫困家庭大学生资助政策,加强教育信息化建设,推动基础教育均衡发展。要健全医疗、康养服务体系,加大蒙医药专业骨干和学术带头人培养,发展蒙中医药绿色产业,健全旗乡村三级医疗卫生、健康养老服务体系。要不断提升社会保障水平,统筹做好少数民族群众社会保险、社会救助、住房安全等工作,让各族群众真切感受到党和政府的温暖。

构筑各民族共有精神家园,凝聚民族团结进步事业的强大合力。做好民族工作,最根本、最长远的是民族团结。要把加强民族团结作为战略性、基础性、长期性工作,既发挥好物质力量的作用,又发挥好精神力量的作用,引导各族干部群众像爱护自己的眼睛一样爱护民族团结,像珍视自己的生命一样珍视民族团结。要着力深化中华民族共同体意识教育,加强爱国主义和中华民族共同体教育,使"两个共同"主题和"三个离不开""五个认同"的思想深深扎根于各族群众心中。要着力促进各民族交往交流交融,利用好重要纪念日、民族传统节日等重要节点,广泛开展群众性活动,积极搭建各族群众交流交往平台。要着力传承弘扬优秀民族文化,建立民族文化遗产保护长效机制,加强民俗文化传承保护,广泛开展群众性民族文化体育活动,帮助少数民族群众从物质上到精神上都把日子过得更加红火起来。认真贯彻《内蒙古自治区蒙古语言文字工作条例》，促进社会层面规范使用蒙古语言文字。要着力强化宣传引导，组织开展形式多样的民族团结进步创建主题活动，深入开展民族团结进步宣传教育"六进"活动，每年推出一批"创建民族团结进步示范单位"，做到民族团结进步意识深入人心、家喻户晓。

依法管理民族事务，巩固发展和谐民族关系。推进民族团结进步事业，是实现民族地区长治久安的关键。要牢固树立法治思维，发展和谐民族关系，推动全社会形成更加爱护团结、全力维护团结、不断增进团结的生动局面。要加强意识形态管理，加大舆论引导力度，增强各族干部群众辨别大是大非、抵御国内外敌对势力思想渗透的能力。要完善矛盾纠纷排查机制，定期召开专题会议研究部署民族团结和社会稳定工作，加快构建源头治理、动态管理和应急处置相结合的社会治理体系，严防发生突发性、群体性事件。要依法妥善处理涉及民族因素的问题，防止把涉及少数民族群众的民事纠纷和刑事问题归结为民族问题，把一般矛盾纠纷简单归结为民族问题，坚决打击蓄意挑拨民族关系、破坏民族团结、制造恶性事件的犯罪分子。要扎实做好城市民族工作，加强少数民族流动人口的服务和管理，强化社区服务功能，让城市更好接纳少数民族群众，让少数民族群众更好融入城市。

健全完善工作机制，强化党对民族工作的组织领导。做好民族工作，关键在党，关键在人。各级党委、政府要把民族工作摆上重要议事日程，及时研究民族工作中的重大问题。党委、政府主要负责同志要高度重视做好民族工作，经常听取民族工作汇报，重要工作亲自部署、重大问题亲自过问、重点环节亲自协调、重大事项亲自督办，推动和促进民族工作各项任务落实。统战和民族工作部门要加强政策研究，搞好综合协调，抓好督促检查，当好党委、政府的参谋助手。各有关部门要

认真履行职责,加强协调配合,形成全社会共同促进民族团结进步事业的强大合力。各级要加大对少数民族干部的提拔使用力度,加强少数民族人才、农村牧区实用人才和乡土科技人才培养,努力建设一支政治上跟党走、群众中有威望、工作上有实绩的少数民族干部人才队伍。要扎实推进"两学一做"学习教育常态化制度化,深化"一核心三融合"党建机制,继续加大投入保障力度,不断增强基层党组织带领各族群众致富奔小康、促进民族团结的战斗堡垒作用。

围绕创建全国民族团结进步示范市,市委、市政府印发了《鄂尔多斯市创建全国民族团结进步示范市工作实施方案(2017～2018年)》,成立了创建工作领导小组,全面负责创建工作的组织领导和协调指导。各旗区要尽快成立相应工作机构,制定工作方案,细化任务措施,层层推动落实。各牵头部门要切实履行牵头职责,加强统筹协调,确保各项工作任务有序推进。各相关部门要根据目标任务要求,主动作为,全力配合牵头单位完成各项工作。

同志们,民族团结是全市各族人民的生命线。我们一定要更加紧密团结在以习近平同志为核心的党中央周围,坚决按照中央和自治区关于民族工作的决策部署,守望相助、团结奋斗、一往无前,不断谱写我市民族团结进步事业新篇章,以优异成绩迎接党的十九大胜利召开,为"建设亮丽内蒙古,共圆伟大中国梦"做出新的更大贡献!

(二)苏翠芳在创建全国民族团结进步示范市经验交流暨推进会上的讲话(鄂尔多斯市委常委、宣传部长)

(2018年7月13日)

同志们:

这次会议的主要任务是,深入学习贯彻习近平新时代中国特色社会主义思想和党的十九大精神,全面贯彻落实中央、自治区党委和市委关于民族工作的决策部署,总结创建经验,安排部署当前和今后一个时期主要工作任务,推动全市以崭新的精神面貌和优异的成绩迎接国家的检查验收,实现创建全国民族团结进步示范市的目标。

刚才,雷·斯仁同志认真总结了全市创建全国民族团结进步示范市工作的整体情况,乌审旗、东胜区、准格尔旗、市教育局分别做了典型发言。总的看,从2016年创建工作启动以来,市委、市政府牢牢把握各民族"共同团结奋斗、共同繁荣发展"民族工作主题,统筹推动市旗两级成立创建工作领导小组,加大经费、制度保障力度,强化典型引领和民族团结进步宣传教育,初步形成了"责任分明、广泛参与、齐抓共管、上下联动"的创建工作格局。准格尔旗、鄂托克旗被命名为全国民族团结进步示范旗,城川民族干部学院被确定为全国民族团结进步教育基地,东胜区、乌审旗等16家单位被命名为自治区民族团结进步创建示范区(单位),全市13个模范集体、11名模范个人受到国家表彰,104个模范集体、128名模范个人受到自治区表彰,创建工作呈现出勃勃生机。这些成绩的取得,凝结着各地区、各单位的智慧,是同志们共同努力的结果。在此,我代表市委、市政府向全市民族工作战线的同志们和支持民族事业发展的社会各界表示衷心感谢!

在肯定成绩的同时,也必须清醒地看到,当前我们的工作仍然存在一些问题和不足。今年4月,自治区民委李国成副主任深入我市西部几个旗进行为期一周的考察调研后,指出了我们在宣传教育覆盖面、群众参与广泛性、长效机制常态化以及民族政策、法律法规、创建工作措施办法知晓率等方面存在的不足。刚才,雷·斯仁同志从六个方面对全市创建工作存在的问题进行了剖析,这六个方面的问题在各地区、各单位都不同程度存在,有的还比较严重。比如,有的旗区重视程度始终不够,"一把手工程"始终没有落实到位;有的创建经费还没有保障,等等。除此之外,还有一些问题,必须引起我们高度重视。一是创建工作开展不平衡。一些旗区和单位没有把创建工作当成系统工

程来抓,存在为创建而创建的现象,上级部门来督促检查就推进一些,如果不督促、不检查就停滞不前,导致我们的工作整体上离验收标准还存在较大差距。二是创建工作重点不明确。一些旗区和单位对创建工作中到底存在哪些问题和薄弱环节还底数不清,对如何加强这项工作还没有明确的思路。因此,找不准创建工作切入点,也找不到努力的方向。三是创建工作缺乏创新。大多数旗区和单位还没有严格按照创建工作实施方案要求,完成规定动作,更谈不上有创新性的自选动作,存在工作一般化、措施不到位、趋于应付的苗头和倾向。四是创建工作合力不强。社会上对"民族团结进步事业是全社会共同事业"的理解还不够深刻,一些旗区和单位还存在观望、等靠等片面认识,动员各方面力量参与创建工作、关心支持创建工作的力度还不够大。五是创建工作经验总结不到位。目前,我市有多个旗区和单位创成自治区级以上示范旗、示范单位,但在提炼、总结创建经验等方面还存在一些差距,能够在全市推广的好经验、好做法还比较少。这些问题必须严格对标对表,在今后工作中认真加以解决。

下面,我就认真贯彻落实市委、政府创建全国民族团结进步示范市动员大会精神,进一步做好创建工作,讲三点意见。

1. 坚定正确政治方向,筑牢创建全国民族团结进步示范市的思想基础

党的十八大以来,以习近平同志为核心的党中央高度重视民族工作,大力支持民族地区发展。党的十八大后,习近平总书记考察少数民族自治区首先就来到内蒙古,提出了守望相助的重要要求。自治区庆祝成立70周年时,习近平总书记做了"建设亮丽内蒙古,共圆伟大中国梦"的题词。在党的十九大报告中,习近平总书记指出要"全面贯彻党的民族政策,深化民族团结进步教育,铸牢中华民族共同体意识,加强各民族交往交流交融,促进各民族像石榴籽一样紧紧抱在一起,

共同团结奋斗、共同繁荣发展"。今年3月,习近平总书记参加内蒙古代表团审议时提出了"扎实推进民族团结和边疆稳固"的重要要求。习近平总书记的殷切希望和深情嘱托为我们推动民族地区发展、推进民族团结进步事业指明了前进方向、注入了强大动力,为我们开展创建工作提供了重要遵循。全市上下一定要深入学习贯彻习近平新时代中国特色社会主义思想和党的十九大精神,认真贯彻落实习近平总书记关于民族工作的一系列重要讲话、重要指示精神,牢固树立"四个意识",坚定"四个自信",确保中央和自治区党委关于民族工作的各项决策部署在鄂尔多斯落地生根,确保创建工作始终沿着正确方向前进。

2.压实工作责任,全面高质量完成各项创建工作目标任务

要严格按照《鄂尔多斯市创建全国民族团结进步示范市工作实施方案》提出的6个方面、26项重点工作任务,抓好组织实施工作。同时,要认真对照创建工作考评细则要求,高质量完成创建工作目标。所谓高质量,就是要认认真真做好各项基础工作,就是要全面提升、全面迎检,做到任何一个旗区、任何一个单位都能经得起国家的检查验收。一是要扎实推进创建活动"六进"工作。民族团结进步创建活动进机关、进企业、进乡镇、进社区、进学校、进寺庙是衡量创建工作质量的一项重要指标。只有这项工作如期完成,才能为我市全面迎接国家的检查验收奠定良好基础。去年,我市各旗区通过打造民族团结进步创建示范点,发挥典型的示范引领作用,推动全市创建工作的蓬勃开展。西部几个旗区的创建工作得到自治区民委较高评价。"六进"里面难度最大的是进机关,这方面市、旗两级创建办和做得好的地区、单位一定要总结好经验、加强推广,做到互相学习,取长补短;进企业是"六进"的一项短板,这项工作并不是简单地安排一些活动,开个联谊会就可以了,要牢牢把握"通过民族团结促进企业发展这个关键",各级统战部门和经信委要做好牵头工作,深入研究、不断丰富进企业内涵,并将

好的做法全面推开;进乡镇、进社区关键是要做好选点、打造、提升工作,这方面各旗区一定要做到整体推进、同步提升;在进学校方面,按照国家民委的要求,在大中专院校、中学、小学都要有示范点,并要在此基础上整体推进,市、旗两级教育局要承担好牵头单位责任,抓好工作落实,通过开展形式多样的活动,增进各民族学生的感情,减少和避免出现民族间的隔阂与矛盾纠纷;进寺庙工作要从爱国爱教、知法守法,团结稳定、教风端正,管理规范、服务社会三个方面全方位予以推进,各级民委要在常态长效上下功夫,抓好落实提升工作。各旗区要参照市委、政府及市创建办的安排部署,按照"六进"的要求,全面推进本旗区的创建工作,做到不留死角,不留盲区。这里面要强调两个时间节点,8月底前,旗区和市直单位要完成示范点的选点、打造、完善和统一规范工作,9月底前要全面推进、确保整体提升。二是要自查自验、查漏补缺。自查自验、查漏补缺是创建迎检工作中十分重要的一个环节。各旗区、各单位要组织专门力量,对照全国民族团结进步创建活动示范州、示范县测评指标以及我市《创建工作实施方案》,进行自查自验,要认真查找梳理问题、总结完善提高、并形成整改报告,这项工作要在今年9月底前全部完成。9月底,市创建办将组织抽查抽验;12月底前,市创建工作领导小组将组织有关部门、专家等进行全面的自查自验。三是要健全档案资料,全面迎接国家的考核验收。档案资料是创建工作的固化体现,国家的检查验收很大一部分要通过档案资料来反映,从某种程度上讲,档案资料整理的好坏,内容是否齐全,决定着创建工作的成效,因此,必须引起高度重视。各旗区、各单位、市旗两级创建办都要按照职责,收集整理好各自的档案,必要的时候,可以争取市、旗区档案局的帮助、支持,确保档案管理的标准化规范化。

3.健全完善工作机制,强化党对创建工作的组织领导

做好创建工作,关键在党,关键在人。各旗区、各单位要把创建工

作提上重要议事日程,及时研究解决创建工作中的重大问题。党委(党组)主要负责同志要经常听取创建工作汇报,重要工作亲自部署、重大问题亲自过问、重点环节亲自协调、重大事项亲自督办,推动和促进创建工作各项任务落地落实。去年9月,在全市创建工作动员大会上,市委书记牛俊雁同志强调,"各旗区要加快成立创建工作机构,制定工作方案,细化任务措施,层层推动落实;各牵头部门要切实履行职责,加强统筹协调,确保各项工作有序推进。各相关部门要根据目标任务要求,主动作为,全力配合牵头单位完成各项工作",这既是对创建工作的基本要求,也是实现创建目标的根本保障。各地各单位要从全市大局出发,把思想认识统一到牛俊雁同志的讲话精神上来,以高度的政治责任感、紧迫感,以只争朝夕的精神,奋力开创我市创建工作新局面,确保如期实现创建目标。今年是我市创建全国民族团结进步示范市的关键之年,明年上半年能否顺利通过国家相关部门的验收,关键在于今后一个时期创建工作的整体提升。借此机会,再强调一下经费落实和人员保障两个方面的问题。据了解,到目前为止,各旗区按人均2元标准设立专项经费的落实情况很不理想;各级创建办抽调人员素质不过硬,还普遍存在"随便派人应付"的现象,这些都是不重视、不支持创建工作,缺乏大局意识的具体表现。各地各单位要深化认识、端正态度、立即加以整改,要在短期内落实经费、调整充实创建办力量,为成功实现创建目标提供强有力的保证。下次再督查创建工作时,重点就要看经费、人员是否落实到位。需要特别强调的是:如果在全国的检查验收中,哪个旗区、哪个单位丢了分,拖了全市的后腿,这个旗区和单位的主要领导就一定要被问责。

同志们,民族团结是全市各族人民的生命线,实现创建全国民族团结进步示范市的奋斗目标责任重大、使命光荣。我们一定要高举习近平新时代中国特色社会主义思想伟大旗帜,坚决贯彻中央、自治区

党委和市委关于民族工作的决策部署,守望相助、团结奋斗、一往无前,以优异的成绩迎接国家检查验收,努力实现全国民族团结进步示范市的创建目标,为鄂尔多斯全面建成较高质量小康社会奠定坚实基础。

(三)金武在全市创建全国民族团结进步示范市推进会议上的讲话(鄂尔多斯市委常委、市政府党组副书记、副市长)

(2018年11月28日)

同志们:

这次会议是市委、市政府决定召开的一次重要会议,主要任务是通报创建工作进展情况,分析存在的问题,安排部署下一步工作。争创全国民族团结进步示范市,是市委、市政府作出的一项重大决策,这项工作的牵头领导是市委主要领导,市长担任常务副组长。市委、市政府对此高度重视。2017年召开了全市动员大会,今年7月又在乌审旗召开了经验交流暨推进会。9月份,牛书记专门听取创建工作汇报,并对创建工作作出批示,要求市政府召开专门会议,加大创建工作力度。前一段时间,斯琴市长在北京听取了民族团结主题公园规划设计情况汇报,对创建工作提出明确要求。刚才,市民委雷主任做了情况通报,并就下一步工作做了具体安排,3个旗区和2个部门做了表态发言。总的看,创建工作开展以来,各旗区各部门按照市委、市政府的统一安排部署,做了大量工作,取得了积极成效。但是还存在不少问题,有的问题还比较严重。下面,就做好下一步工作,我讲几点意见。

第一,要高度重视,深刻理解创建工作的重大意义。我国是一个统一的多民族国家,处理好民族问题、做好民族工作,始终是关系党和国家事业发展全局的大事。各民族团结进步,既是中华民族的生命所在,也是力量所在、希望所在。党中央、国务院历来高度重视民族工作。习近平总书记多次强调,要像爱护自己的眼睛一样爱护民族团结,像珍视自己的生命一样珍视民族团结;要求各民族像石榴籽一样紧紧抱在一起,共同团结奋斗、共同繁荣发展。内蒙古是党领导下最早成立的少数民族自治区,是我国民族区域自治制度的发源地,曾被周恩来总理誉为"模范自治区",民族团结具有深厚的历史渊源。我市是一个以蒙古族为主体、汉族占大多数的多民族聚居地区,在8.7万平方千米土地上生活着蒙、汉、回、满等42个民族,共有少数民族人口21万人,约占总人口的10%,搞好民族团结进步具有广泛的现实基础。

多年来,市委、市政府始终把民族工作摆在全局工作的重要位置,坚定不移走中国特色解决民族问题的正确道路,牢牢把握各民族"共同团结奋斗、共同繁荣发展"主题,不断加强和改进民族工作,全市民族团结进步各项事业取得令人瞩目的成就,地区面貌发生翻天覆地变化。但长期以来由于受自然、历史等因素影响,目前欠发达的市情仍未根本改变。特别是新常态下经济转型升级、高质量发展的任务艰巨而繁重,城乡区域发展仍不平衡,农村牧区基本公共服务仍然比较薄弱。以西部四个少数民族聚居旗为例,2017年经济总量仅占全市的28%,财政收入仅占全市的13.6%,这些地方的水、电、路、讯等基础设施还需进一步完善,医疗、卫生、教育等公共服务水平还比较低,加快发展的任务还十分艰巨。

开展民族团结进步创建活动,是推动民族团结进步事业发展的重要抓手,基于多年来的工作基础,2016年市委、市政府提出创建全国民族团结进步示范市的目标,旨在以创促建,推动全市民族团结进步事业再上新台阶。这项工作启动以来,得到全市各级党委、政府高度重视,各族干部群众积极响应,创建工作扎实有序推进。但是也有一些旗区和部门,认识上存在偏差,重视程度始终不够,导致一些工作抓得不实、推进不力、方法不多、进展不均,效果不理想。刚才也通报了很多问题,从这些问题看,既有主观的原因,也有客观的因素,但我觉得主观上的原因更多,包括刚才通报的很多问题,究其根本原因,还是思想

认识没有到位。因为今天是推进会,我们把问题讲得多一些,希望大家本着有则改之、无则加勉的态度,尽快全面自查整改,坚决端正思想和态度。特别是旗区党政主要领导和单位"一把手",必须要高度重视,提高政治站位,坚持从政治上把握民族关系、看待民族问题,深刻理解创建工作的重大意义,确保把创建工作始终装在心里、牢牢抓在手上。主要负责同志要经常听取创建工作汇报,坚持重要工作亲自部署、重大问题亲自过问、重点环节亲自协调、重大事项亲自督办,及时研究解决工作中存在的困难和问题,着力推动创建各项工作任务有效落实。

第二,要抓住重点,全力做好示范创建各项工作。关键要在以下五个方面下功夫。一是要持续增进民族团结。这是各族人民的生命线。要始终高举民族大团结的旗帜,全面做好加强民族团结的各项工作。突出抓好民族团结宣传教育,把民族团结教育内容纳入国民教育、干部教育、社会教育,推动民族理论、民族政策、民族知识进教材、进课堂、进头脑,在深入开展"六进"基础上,因地制宜开展丰富多彩、形式多样的"六进+"活动,不断巩固发展民族团结大好局面。二是要加快地区经济发展。这是解决民族地区各种问题的总钥匙。要正确处理团结稳定与繁荣发展的关系,坚持稳中求进工作总基调,深入贯彻新发展理念,以推进供给侧结构性改革为主线,着力推动经济转型升级、高质量发展。重点围绕决胜全面建成小康社会,坚决打赢打好"三大攻坚战",加快升级改造传统产业,大力培育发展新兴产业,推动经济发展质量变革、效率变革、动力变革,夯实民族团结进步的物质基础。三是要着力保障改善民生。这是民族团结进步的出发点和落脚点。要牢固树立以人民为中心的发展思想,坚持以推进基本公共服务均等化为重点,抓住人民最关心最直接最现实的利益问题,尽力而为、量力而行,统筹解决好教育、就业、医疗、养老、住房、社会保障等重大民生关切,不断增强人民的满意度和获得感。特别是要落实好针对少数民族和少数民族聚居地区的扶持政策,让各族群众共享改革发展成果。四是要筑牢共有精神家园。以增强文化认同为根本,坚持社会主义先进文化前进方向,把尊重、继承和弘扬少数民族优秀传统文化,与传承、建设各民族共享的中华文化有机结合起来,教育引导各族干部群众切实增强国家、公民意识、中华民族共同体意识,自觉把维护民族团结和国家统一作为各民族的最高利益,始终把自己的命运同中华民族的命运紧紧连在一起,使"三个离不开""五个认同"和守望相助、团结奋斗的思想深入人心。五是要依法加强民族事务管理。坚持在法律范围内、法治轨道上处理涉及民族因素的问题,既不能把涉及少数民族群众的民事和刑事问题归结为民族问题,也不能把发生在民族地区的一般矛盾纠纷简单归结为民族问题。要坚决防止境内外敌对势力利用所谓"民族"问题炒作生事、渗透破坏。要重视做好城市民族工作,加强少数民族流动人口的服务和管理,强化社区服务功能,让城市更好接纳少数民族群众、让少数民族群众更好融入城市。

第三,要精心组织,确保以优异成绩迎接国家考评验收。按照国家相关部门要求,明年上半年将对我市创建工作进行考核验收,现在2018年已剩1个多月,留下的时间已十分紧迫,需要做的工作还很多。所以,今天的推进会,也是迎接国家考评验收的一次动员部署会。接下来,各旗区各部门要在抓好整体创建工作的同时,全面做好迎接考评验收各项准备。一是要加强氛围营造。这既是创建工作的需要,也是提高公众知晓率的一个重要手段。要充分利用各类媒体,对创建工作进行全方位、多层次的宣传报道,形成全社会支持参与创建工作的良好氛围。这方面,宣传部门要会同各级创建办,进一步加大宣传工作力度,切实发挥好市内各主流媒体的主阵地作用。二是要尽快查漏补缺。各级各部门要抓紧利用这段时间,按照国家考评验收标准和市委、市政府印发的《实施方案》,逐项对标对表,尽快抓好落实。对做得好的要及时总结经验、形成亮点；基本达标的要继续巩固提升、增强实效；差距比较大的要拿出过硬措施、聚力攻坚，尽快赶上来，确保任何一个旗区、任何一个部门都能经得起国家考评验收。三是要全面自查评估。近期，各旗区各部门要组织专门力量，对照创建验收指标进行自查自评，并形成自查报告于12月20日前报市创建办。市创建办要在此基础上，进一步会同市委、市政府督查室和有关部门，在年底前开展一次全面督查，重点查问题、找不足，并形成专项督查报告上报市委、市政府。这方面，市创建办要切实发挥牵头抓总的作用，对每一项指标、每一个步骤、每一个环节都要做到心中有数、精心准备，确保不缺一个内容、不漏一个环节。四是要抓好档案整理。这是创建工作的固化体现，国家的考核验收很大一部分要通过档案资料来反映，从某种程度上讲，档案资料整理得好坏，决定着创建工作的成效，必须高度重视。各旗区各部门各单位都要按照职责，把各自的档案收集整理好，必要时可以让档案部门来指导，确保档案整理标准、规范。最后要强调的是，这项工作是"一把手"工程，明年验收如果哪个旗区、哪个部门丢了分，拖了后腿，肯定要追究主要领导的责任，请大家务必要高度重视起来，确保把各项工作做实做细做到位。市创建办要抓紧组织各旗区各部门，提前谋划好创建验收路线和参观点安排，每个旗区都要确定参观点和参观线路，都要有随机被抽查的心理准备。市旗两级都要打造好创建工作成果展览室，制作专题片。市规划局要会同康巴什区，抓紧与规划设计单位对接，元旦前拿出民族团结进步主题公园的设计方案。

　　同志们，当前创建工作已进入关键时期，做好创建工作责任重大、意义重大，让我们紧密地团结在以习近平同志为核心的党中央周围，守望相助，团结奋斗，扎实做好示范创建各项工作，确保创建工作顺利通过国家考核验收，奋力谱写地区民族团结进步事业新篇章。

二、文件

(一)鄂尔多斯市命名民族团结进步创建活动示范单位的实施意见

(2014年8月25日)

为更加广泛深入持久地开展民族团结进步创建活动,根据《中央宣传部、中央统战部、国家民委关于进一步开展民族团结进步创建活动的意见》《自治区党委宣传部、自治区党委统战部、自治区民委关于进一步开展民族团结进步创建活动的实施意见》,进一步推动全市民族团结进步创建活动规范化、制度化建设,结合我市实际,现就命名鄂尔多斯市民族团结进步创建活动示范单位工作提出如下实施意见。

1. 深刻认识命名民族团结进步创建活动示范单位的意义

近几年,在市委、市政府的正确领导下,我市各级党委宣传、统战和政府民族工作部门高度重视民族团结进步创建工作,采取多种有效举措调动各级各部门和社会各界参与创建活动的积极性,促进了民族团结进步事业的持续健康发展。命名民族团结进步创建活动示范单位,是推动创建活动广泛深入开展的重要举措和有效途径,对于进一步建立和完善体制机制,推动创建活动制度化、规范化,提高先进典型的影响力和辐射力,开创民族工作新局面都具有十分重要的意义。各级党委、政府要站在战略和全局的高度,深刻认识命名民族团结进步创建活动示范单位的重要意义,扎实做好创建活动示范单位命名工作。

2. 民族团结进步创建活动示范单位应具备的基本条件

民族团结进步创建活动示范单位评选要面向市直机关各部门、各旗区、苏木(乡镇、街道)、企事业单位、学校、社会组织、消防、武警部队等。示范单位在创建活动中能以邓小平理论、"三个代表"重要思想、科学发展观为指导,促进党的民族政策和民族法律法规得到全面

贯彻落实,在推动各民族"共同团结奋斗、共同繁荣发展"中取得显著成绩,在全市具有典型示范作用。

(1)加强对民族团结进步创建活动的领导,建立健全领导体制和工作机制,定期研究部署工作,有必要的经费保障。

(2)广泛深入持久开展民族团结进步宣传教育。学校(党校)民族团结教育正规、有效;定期、广泛开展对全社会的宣传教育;党员干部特别是主要领导干部对党的民族理论和政策认识全面正确。

(3)扎实开展民族团结进步活动月工作,定期召开民族团结进步表彰大会。

(4)对少数民族聚居区给予政策倾斜和资金支持,少数民族聚居区经济社会发展水平和民生状况与本区域内整体发展相和谐。

(5)合理配备实行区域自治的民族和其他少数民族的干部;对主要面向少数民族和少数民族聚居区工作的地方和部门,合理配备能够使用少数民族语言文字进行工作的干部。

(6)《内蒙古自治区蒙古语言文字工作条例》得到切实贯彻落实;优秀民族文化得到保护和发展。

(7)尊重少数民族的风俗习惯和宗教信仰。

(8)及时掌握民族问题、民族工作、民族关系的发展变化,并主动采取切实可行措施进行引导和解决。

(9)依法妥善处理影响民族团结、社会稳定的问题。

3.民族团结进步创建活动示范单位的命名程序

(1)申报单位应根据民族团结进步创建活动示范单位评选的基本条件,制定本单位的创建目标及具体工作方案,形成申报材料。

(2)各旗区民族工作部门对申报单位所报材料进行初审,对符合条件的单位,商本级宣传、统战部门同意后,联合向市民委推荐。市级党政机关、事业单位、社会团体由主管部门初审并向市民委推荐。武警、消防部队由所属政治部初审后推荐。

(3)市委宣传部、统战部、市民委对申报单位的事迹进行评审,对拟命名的示范单位向社会公示后,由三部委联合发文命名,每次命名名额由上述单位根据情况自行确定。

(4)民族团结进步创建活动示范单位类别主要分为示范旗(区)、苏木,示范企业,示范单位(机关、事业、社会团体)等九类。

(5)公示命名。坚持实事求是、公开公正的原则。市委宣传部、统战部和市民委对各旗区、企业、学校、机关事业单位等申报的示范单位材料进行审核,并实地考察,对符合条件的,在全市进行公示,对没有异议的进行命名。

(6)对获得市级民族团结进步创建活动示范单位命名的授予牌匾,并优先推荐参加自治区民族团结进步创建活动示范单位的评比和全市、自治区民族团结进步模范集体评选。

4. 民族团结进步创建活动示范单位的管理

(1)鄂尔多斯市委宣传部、统战部、鄂尔多斯市民委负责鄂尔多斯市民族团结进步创建活动示范单位命名工作,市委宣传部、统战部和市民委的有关科室要了解和掌握各旗区示范单位创建活动情况,及时总结和推广成功的经验和做法,组织进行复核,组织或支持开展经验交流活动,加大宣传力度,扩大示范效应。

(2)各级党委宣传、统战和政府民族工作部门负责本级民族团结进步创建活动示范单位的推荐,对示范单位进行具体指导和检查,及时总结和宣传示范单位的成功经验和做法,积极协调有关单位,帮助示范单位解决在创建过程中遇到的困难和问题。

(3)民族团结进步创建活动示范单位命名的具体工作,由民族工作部门负责。

(4)民族团结进步创建活动示范单位命名与自治区、国务院民族

团结进步表彰活动和推荐自治区、全国民族团结进步创建活动示范单位相结合。自治区、国务院民族团结进步模范集体应从被命名为鄂尔多斯市民族团结进步创建活动示范单位中产生。

(5)民族团结进步创建活动示范单位命名工作原则上每2年进行一次;对已命名的示范单位,每5年进行一次复核。复核分为三个阶段:示范单位自查;旗区组织检查,并有书面检查意见;报市民委审核,检查合格的,继续保留称号,经复核已不具备典型示范性的单位及命名后发生涉及民族因素的重大群体性事件的单位,取消其称号。市直部门示范单位自查后,直接报市民委审核。

各旗区、相关单位要按照本意见精神,结合实际,研究具体实施意见,认真抓好贯彻落实。

(二)鄂尔多斯市民族团结进步教育基地评审命名办法

(2016年12月12日)

第一条 为规范全市民族团结进步教育基地评审命名工作,促进民族团结进步事业发展,根据国家民委《全国民族团结进步教育基地评审命名办法》、自治区党委宣传部、党委统战部、自治区民委《关于进一步开展民族团结进步创建活动的实施意见》(内民委发〔2011〕17号)和自治区民委《全区民族团结进步教育基地评审命名办法》,制定本办法。

第二条 全市民族团结进步教育基地是由鄂尔多斯市民族事务委员会(下称"市民委")评审命名,具备宣传教育功能,在促进民族团结进步、密切民族关系、维护国家统一等方面具有重要影响的场所。范围主要包括:

(1)文物博物类,包括各类博物馆(院)、纪念馆、文物保护单位及其他历史文化遗迹等。

(2)革命历史纪念类,包括纪念地、纪念建筑物、名人故居旧居等。

(3)取得丰硕成果的民族团结进步创建活动示范单位。

(4)体现民族团结进步内容的风景区(点)类。

(5)体现民族特色的优秀文化场所类。

第三条　全市民族团结进步教育基地评审命名工作坚持实事求是、公开公正、竞争择优、面向基层的原则。

第四条　全市民族团结进步教育基地应当具备下列基本条件：

(1)能体现不同历史时期我市各族人民之间的亲密关系,有助于宣传党和国家的民族理论政策、法律法规和民族知识,有利于维护民族团结和祖国统一,促进各民族共同团结奋斗、共同繁荣发展；

(2)具备开展民族团结进步宣传教育活动的实物、资料、场地或配套设施；

(3)有相应的工作机构和专(兼)职工作人员,有必要的经费保障,能够保证民族团结进步宣传教育活动的正常开展；

(4)有健全的规章制度和完整的工作档案,无违法违纪行为；五年内未发生过涉及民族因素较大、重大或者特别重大的事件。

第五条　全市民族团结进步教育基地原则上每3年命名一批,评审命名程序为：

(1)申报。符合全市民族团结进步教育基地条件的场所,可直接向所在旗区民族工作部门申报,由旗区民族工作部门审核并公示7个工作日后,经旗区人民政府同意,报市民委。

申报材料包括基本情况(单位名称、地理环境、历史背景、占地面积及主要建筑设施等),在建设、管理和发挥民族团结进步宣传教育功能等方面的情况,开展民族团结进步宣传教育活动情况,反映单位全景、主要设施和陈列物品的图片等。

市直机关、企事业单位所属场所由单位党委(组)会议通过后可直接向市民委推荐。中央、自治区直属派驻机构所属场所由主管部门审

核后可直接向市民委推荐。

人民解放军和武警、消防部队申报场所由所属政治部审核后推荐。

(2)评审和公示。市民委政策法规科负责组织对申报对象的评审,主要采取实地查看、听取汇报、查阅申报材料等方式。将通过评审的场所名单向社会公示,公示期不少于10个工作日。

(3)命名。公示期满后,市民委政策法规科负责将拟命名的场所名单及相关材料报市民委委务会议审议,由市民委发布命名决定,颁发牌匾,给予一定经费补助,用于开展民族团结进步宣传教育活动。

第六条 全市民族团结进步教育基地评审命名与全国、全区民族团结进步教育基地评审命名相结合。未被命名为全市民族团结进步教育基地的,不具备推荐为全国、全区民族团结进步教育基地资格。

第七条 已命名的全市民族团结进步教育基地,不能履行民族团结进步宣传教育职能或者不再具备本办法规定条件的,市民委责令其限期整改或者撤销命名。

按照鄂尔多斯市关于涉及民族因素突发事件分级标准,对发生涉及民族因素较大、重大或者特别重大事件的教育基地,市民委撤销命名。

第八条 全市民族团结进步教育基地应当制定基地中长期发展规划,建立完整的档案制度,有计划地对专(兼)职工作人员进行相关职业技能培训。

第九条 全市民族团结进步教育基地应当充实宣传教育材料,充分利用现代科技,丰富宣传教育手段,增强宣传教育效果,深入开展民族团结进步宣传教育。

第十条 全市民族团结进步教育基地应当对大、中、小学校集体、现役军人、老年人和残疾人等给予免票参观等优惠待遇。有条件的教育基地,应当逐步在重大节庆日、纪念日免费向社会开放。

第十一条　全市各级人民政府民族工作部门负责民族团结进步教育基地的考核、推荐,支持教育基地的建设和发展,推动教育基地之间的交流合作,指导教育基地开展宣传教育活动,提高教育基地的影响力。

全市各级人民政府及其相关部门应当根据实际情况对民族团结进步教育基地予以适当经费补助或者采取其他方式予以扶持。

第十二条　本办法由市民委负责解释。

第十三条　本办法自发布之日起施行。

(三)乌审旗命名民族团结进步创建活动示范单位的实施意见

(乌民事发〔2015〕41号)

为更加广泛深入持久地开展民族团结进步创建活动,根据《中央宣传部、中央统战部、国家民委关于进一步开展民族团结进步创建活动的意见》《内蒙古自治区党委宣传部、自治区党委统战部、自治区民委关于进一步开展民族团结进步创建活动的实施意见》《市委宣传部、市委统战部和市民委关于鄂尔多斯市命名民族团结进步创建活动示范单位的实施意见》,进一步推动全旗民族团结进步创建活动规范化、制度化建设,结合我旗实际,现就命名乌审旗民族团结进步创建活动示范单位工作提出如下实施意见。

1. 深刻认识命名民族团结进步创建活动示范单位的意义

近几年,在旗委、旗政府的正确领导下,我旗旗委宣传、统战和政府民族工作部门高度重视民族团结进步创建工作,采取多种有效举措调动各级各部门和社会各界参与创建活动的积极性,促进了民族团结进步事业的持续健康发展。命名民族团结进步创建活动示范单位,是推动创建活动广泛深入开展的重要举措和有效途径,对于进一步建立和完善体制机制,推动创建活动制度化、规范化,提高先进典型的影响

力和辐射力,开创民族工作新局面都具有十分重要的意义。各地各部门要站在战略和全局的高度,深刻认识命名民族团结进步创建活动示范单位的重要意义,扎实做好创建活动示范单位命名工作。

2.民族团结进步创建活动示范单位应具备的基本条件

民族团结进步创建活动示范单位评选要面向各苏木镇,旗各部、委、办、局,各学校,各大企业,各人民团体等。示范单位在创建活动中能以邓小平理论、"三个代表"重要思想、科学发展观为指导,促进党的民族政策和民族法律法规得到全面贯彻落实,在推动各民族"共同团结奋斗、共同繁荣发展"中取得显著成绩,在全旗具有典型示范作用。

(1)加强对民族团结进步创建活动的领导,建立健全领导体制和工作机制,定期研究部署工作,有必要的经费保障。

(2)广泛深入持久开展民族团结进步宣传教育。学校(党校)民族团结教育正规、有效;定期、广泛开展对全社会的宣传教育;党员干部特别是主要领导干部对党的民族理论和政策认识全面正确。

(3)扎实开展民族团结进步活动月工作,定期召开民族团结进步表彰大会。

(4)对少数民族聚居区给予政策倾斜和资金支持,少数民族聚居区经济社会发展水平和民生状况与本区域内整体发展相协调。

(5)合理配备实行区域自治的民族和其他少数民族的干部;对主要面向少数民族和少数民族聚居区工作的地方和部门,合理配备能够使用少数民族语言文字进行工作的干部。

(6)《内蒙古自治区蒙古语言文字工作条例》得到切实贯彻落实;优秀民族文化得到保护和发展。

(7)尊重少数民族的风俗习惯和宗教信仰。

(8)及时掌握民族问题、民族工作、民族关系的发展变化,并主动采取切实可行措施进行引导和解决。

(9)依法妥善处理影响民族团结、社会稳定的问题。

3.民族团结进步创建活动示范单位的命名程序

(1)申报单位应根据民族团结进步创建活动示范单位评选的基本条件,制定本单位的创建目标及具体工作方案,形成申报材料。

(2)各级党组织对本单位申报材料进行初审,对符合条件的单位,向旗民族宗教事务局推荐。旗级党政机关、事业单位、社会团体由主管部门初审并向旗民族宗教事务局推荐。

(3)旗委宣传部、旗委统战部、旗民族宗教事务局对申报单位的事迹进行评审,对拟命名的示范单位向社会公示后,由三部委联合发文命名,每次命名名额由上述单位根据情况确定。

(4)民族团结进步创建活动示范单位类别主要分为示范苏木镇,示范嘎查、村(社区),示范单位(机关、事业单位、社会团体),示范学校,示范企业,示范寺观教堂等六类。

(5)公示命名。坚持实事求是、公开公正的原则。旗委宣传部、统战部和旗民族宗教事务局对各苏木镇,嘎查、村(社区),学校,企业,机关事业单位等申报的示范单位材料进行审核,并实地考察,对符合条件的在全旗进行公示,对无异议的进行命名。

(6)对获得旗级民族团结进步创建活动示范单位命名的授予牌匾,并优先推荐参加市民族团结进步创建活动示范单位的评比和全旗、市民族团结进步模范集体评选。

4.民族团结进步创建活动示范单位的管理

(1)旗委宣传部、统战部和旗民族宗教事务局负责旗民族团结进步创建活动示范单位命名工作,旗委宣传部、统战部和旗民族宗教事务局的有关股室要了解和掌握各苏木镇,单位创建活动情况,及时总结和推广成功的经验和做法,组织进行复核,组织或支持开展经验交流活动,加大宣传力度,扩大示范效应。

（2）各级党组织负责本级民族团结进步创建活动示范单位的推荐，对示范单位进行具体指导和检查，及时总结和宣传示范单位的成功经验和做法，积极协调有关单位，帮助示范单位解决在创建过程中遇到的困难和问题。

（3）民族团结进步创建活动示范单位命名的具体工作，由旗民族宗教事务局负责。

（4）民族团结进步创建活动示范单位命名与推荐市、自治区、全国民族团结进步创建活动示范单位相结合。市、自治区、国务院民族团结进步模范集体评比将从被命名为乌审旗民族团结进步创建活动示范单位中推荐。

（5）民族团结进步创建活动示范单位命名工作原则上每2年进行一次；对已命名的示范单位，每5年进行一次复核。复核分为三个阶段：示范单位自查；旗民族工作部门组织检查，并有书面检查意见；报旗民族宗教事务局审核，检查合格的，继续保留称号，经复核已不具备典型示范性的单位及命名后发生涉及民族因素的重大群体性事件的单位，取消其称号。

（6）各苏木镇、相关单位要按照本意见精神，结合实际，研究具体实施意见，认真抓好贯彻落实。

5.其他

本实施意见由苏木镇转发至所属嘎查、村（社区），由教育局转发至全旗各学校。

第三节　推进实践小结

乌审旗民族团结示范旗建设在上面翔实的政策文献指导下,做了大量的推进实践工作,首先乌审旗为深入推进民族团结进步事业,成立旗委书记任组长的民族团结进步创建活动领导小组,召开动员大会,制定印发一系列方案和实施意见,使之与爱国主义教育、社会主义核心价值观教育以及精神文明建设活动有机结合,夯实民族团结进步的社会基础。其次以"一馆一区一基地"为载体,进一步开展民族团结进步创建活动。进机关,加强民族理论政策法规学习,普及民族知识,增强各族干部特别是领导干部维护民族团结的自觉性和坚定性,帮助少数民族和民族地区改善基础设施和生产生活条件。进企业,促进各族职工相互了解、相互尊重、相互包容、相互欣赏、相互学习、相互帮助,积极履行社会责任,主动开展扶贫开发、捐资助学等社会公益活动,企业与民族地区、与少数民族群众的关系日益紧密。进社区,积极提供在劳动就业、职业培训、子女入学、法律维权等方面的服务,满足各族群众风俗习惯和开展民族文化活动的服务需求,使创建活动成为维护民族团结和便民、利民、惠民的民心工程。进苏木镇,将创建活动与加快苏木镇经济社会事业发展相结合,与支持各族群众发展生产、

增长收入、改善民生相结合,与保护和发展民族优秀传统文化相结合。进学校,推动党的民族理论和民族政策法律法规进课堂、进教材、进头脑,使民族团结进步意识深深扎根于各族青少年心中,让各民族同呼吸、共命运、心连心优良传统代代相传。进寺庙,积极引导宗教与社会主义社会相适应,加强文物保护,规范寺庙日常管理,促进宗教活动正常有序。持之以恒地广泛开展民族团结进步宣传月活动,深化民族团结进步教育,铸牢中华民族共同体意识。经过不懈努力,各行各业先进集体和先进个人成批涌现,民族团结进步已经成为社会主流和时代风尚。建立健全民族团结进步激励机制,每3年召开一次全旗民族团结进步暨学习使用蒙古语文先进集体和个人表彰大会。建成一批创建活动示范单位、民族团结进步教育基地和少数民族特色村寨,民族乡愁得到保留,优良传统后继有人。

七十年艰苦创业,英雄儿女团结奋斗,乌审旗实现改天换地;四十载改革建设,各族人民守望相助,毛乌素已成绿色家园。人间奇迹缘起民族团结进步,新的征程离不开草原儿女勠力同心。我们坚信,在以习近平总书记为核心的党中央领导下,勇于进取的13万乌审人民定将承前启后、继往开来,在建设社会主义现代化国家的伟大征程中,继续阔步民族团结进步光辉大道,把美丽富饶的绿色乌审建设成为祖国北疆亮丽风景线上的璀璨明珠!

第四章
民族团结典型引领

　　走绿色发展崛起路,创民族团结示范旗。长期以来,乌审旗坚持以邓小平理论、"三个代表"重要思想、科学发展观和习近平新时代中国特色社会主义思想为指导,深入学习贯彻习近平总书记系列重要讲话精神,全面贯彻落实党的民族政策,以铸牢中华民族共同体意识为核心的主线,深入持久开展民族团结进步创建活动,在全旗掀起了全面推进民族团结进步创建"六进"工作的热潮。随后,各地、各集体高度重视创建工作,强化顶层设计,通过制定方案、加强领导、大力宣传,扎实推进了民族团结进步创建工作,涌现出了一大批亮点突出、特色鲜明的示范典型。目前,全旗培育"六进"示范单位31个,全面覆盖机关、企业、社区、乡镇、学校、宗教场所,较好地发挥了民族团结宣传教育主阵地、主渠道作用,创建内容更加充实、活动更加丰富,打开了乌审旗民族团结进步创建工作的新局面。

团结崛起的乌审

第一节
民族团结进机关　创新发展谋团结

"创建活动进机关。主要是进入党政机关，包括中央国家机关及其所属各部委，各直属机构和办事机构；地方党政机关及其所属各部门，以及部门的派出机构，如城管、工商、税务、派出所等。"各级党政机关

成吉思汗察罕苏力德游牧生态旅游区

是贯彻落实党的民族政策和法律法规的重要载体,机关工作人员是带头促进民族团结、维护社会稳定的重要力量。创建活动开展以来乌审旗各机关单位高度重视,不断创新活动载体和方式,紧贴民生、服务群众,抓好创建民族团结进步工作,涌现出一批有传播力、有影响力、有生命力、有创新力的典型示范机关。

一、乌审旗地方税务局

乌审旗地方税务局于1994年9月根据国家财税体制改革,实行国地税分税制而建立,现有在职人员53人,其中少数民族22人,占总人数的41%。下辖9个派出机构和7个内设机构,担负着全旗1882户企业和8436户个体工商户的税收征管工作。自创建工作开展以来,乌审旗地方税务局通过广泛深入地开展民族团结进步创建活动,进一步夯实创建活动基础,不断推动民族团结进步创建活动向纵深发展,在严格贯彻落实好党和国家的各项民族政策的基础上,注重培养少数民族干部和妇女干部,为少数民族干部提供广阔的成长空间和提高平台。民族团结教育也成为干部职工日常教育引导的重点之一,经常化的教育引导和建设工作,使得全局民族团结工作取得良好成效,全局从未发生过任何民族矛盾和问题。2006年乌审旗地方税务局被鄂尔多斯市委、市政府授予"全市民族团结进步模范集体"荣誉称号,并分别于2007年和2010年,两次获评"全旗民族团结进步先进集体",2017年被内蒙古自治区党委、政府授予"全区民族团结进步模范集体"荣誉称号,这些沉甸甸的荣誉是乌审旗地方税务局不懈努力的结果,也是乌审旗地方税务局高度重视民族团结进步创建活动的最好证明。乌审旗地方税务局民族团结进步创建活动总体可以概括为以下几点:

组织领导坚强有力,创建工作机制健全

领导班子高度重视民族团结进步创建工作,建立完善民族团结进步创建工作长效机制,成立由主要领导为组长的创建活动领导小

组,设立创建办公室,主要领导亲自抓,指定专人负责创建工作。结合单位工作职能,把创建活动纳入重要议程,召开创建活动专题会议,研究部署创建工作,及时解决创建活动中存在的困难和问题。做到创建活动有记录,相关文件、图片音像资料齐全,按要求报送创建活动有关资料。

宣传教育扎实有效,团结意识深入人心

通过举办专题讲座、制作宣传版面、悬挂横幅和开展文体活动等形式,在干部职工中经常性开展党的民族宗教政策、法律法规及民族团结进步知识的宣传教育,使各族干部职工牢固树立团结进步的思想,干部职工对创建活动知晓率达100%,进一步加强和巩固平等团结互助和谐的社会主义民族关系。干部职工没有参与民族宗教矛盾纠纷。同时,把民族团结进步创建活动贯穿于精神文明建设全过程,大力弘扬社会公德、职业道德和家庭美德,提高各族干部思想道德素质。

业务工作成绩突出,创建活动成效显著

多年来,全局始终秉承以人为本的理念,把队伍建设和机关建设工作放在重要位置抓好抓实,争先创优等各项工作显现出很多亮点与成绩。比如,紧紧围绕鄂尔多斯地方税务局的工作部署和乌审旗委、旗政府的工作要求,结合税收工作职能,积极落实帮助民族地区经济发展的各项税收优惠政策。积极贯彻落实有关法律法规,切实维护各族干部职工的合法权益;积极参与社会公益事业。全面开展结对帮扶活动,围绕"3+1"互助共建活动,认真开展结对帮扶共建活动;认真落实各类培训任务,全面提高各族干部职工的政治、业务素质,使各族干部职工爱岗敬业、团结务实、遵纪守法、乐于奉献、业务过硬,建立一支精诚团结、务实高效的地税队伍;大力培养、树立、宣传、推广本单位民族团结进步先进股室和先进个人,形成人人讲团结、个个求进步的良好风气等。先后获评"全区地税系统税收宣传优秀组织单位""自治区级文明单位""全区档案管理利用先进单位"等多项荣誉称号。2011年至2014年,乌审旗地方税务局连续4年被评为"全市地税系统实绩突出单位";2014年,又被人力资源和社会保障部与国家税务总局联合授予"全国税务系统先进集体"荣誉称号,成为全市地税系统唯一获此殊荣的单位。

乌审旗地方税务局切实以成绩的取得为更加努力奋进的动力,进一步把民族团结工作抓实抓细,争取取得新的更多成绩。

二、乌审旗住房管理中心

乌审旗住房管理中心以打造学习型、创新型、服务型机关为目标,认真贯彻执行党和国家的民族政策,解放思想,勇于开拓创新,为促进民族团结进步和全旗经济社会发展做出了积极贡献。乌审旗住房管理中心在民族团结进步创建中主要做如下方面的工作。

突出表率作用,树立民族团结良好形象

首先,加强民族团结教育,牢固树立民族团结意识。组织干部职工深入细致地学习党和国家的民族理论和民族政策,牢固树立"两个共同""三个离不开"思想和"五个认同",不断深化各族干部的民族团结意识。其次,优化干部结构,以民族团结推动工作,注重中心班子和干部队伍的民族机构,在班子配备、干部配置上优先充分考虑少数民族干部,合理配备干部队伍,有效推动了住房保障各项工作的开展。三是多种活动载体,加深干部职工间的民族感情。广泛开展"双语"学习、业务"互帮互助""一带一"传唱民族团结歌曲等促进各族干部职工交流融合的活动。

践行为民服务宗旨,巩固民族团结群众基础

乌审旗南丁小区是集中安置整体退出区农牧民而建设的一处较大移民小区,也是蒙古、回、汉等各民族组成的大家庭。为了更好服务群众,乌审旗住房管理中心与南丁小区建立互助共建关系,组织干部职工与农牧民群众结成对子,帮助他们清理发展思路,寻找致富门路。同时筹资为困难户、党员组织体检、送去物资,共计3.6万元,落实7个帮扶项目,推荐45个转移农牧民就业岗位,累计发放6.8万元慰问金,在农牧民群众中营造了民族团结的良好氛围。

旗委主要领导在南丁社区了解民族团结进步创建工作

大力实施民心工程,扎实提升民生保障水平

2008年以来,乌审旗住房管理中心负责建设各类保障性安居工程4786套,交付使用4257套,1.28万困难群众的住房问题得到了有效解决;已发放租赁补贴341.16万元,受益家庭874户1310人,保障对象中少数民族占45%,实现了人人"住有所居""居有所安"的目标。

强化公共服务职能,为民提供优质服务

乌审旗住房管理中心"一站式"办证服务大厅,将登记、抵押、转移等七个服务窗口,集中到一站式服务大厅实施集中服务,开设蒙语服务窗口,为各族群众提供更优质的服务,值得一提的是将国家房屋登记办法中制定的办证时间从10个工作日缩短到30～40分钟,这是一个很大的突破。针对残疾人、老年人房产办理难题,推出了一项上门办理房产证的贴心服务,从而为各民族的团结、稳定、发展提供了保障。

三、乌审旗蒙医医院

乌审旗蒙医医院始建于1977年,经过30余年的艰苦创业,现已发展成为集医疗、康复、保健为一体的蒙医综合医院。医院始终把民族团结进步宣传教育工作作为医院各项工作的前提和基础,积极推进民族团结工作的经常化、制度化,促进了民族团结工作的蓬勃发展。2001年被评为全旗学习使用蒙古语言文字先进集体、2010年荣获内蒙古自治区第二届益之星评选最具爱心单位。主要从如下几方面开展工作:

深化民族团结学习教育

利用组织活动、政治学习和早会时间深入学习党的民族理论和民族政策、民族区域自治制度铸牢中华民族共同体意识等内容的宣传教育,把民族团结宣传教育纳入法制教育、公民道德教育和精神文明创建全过程。

以中华文化为引领,开展形式多样的活动

举办"道德讲堂"、开展理想信念和道德品行教育、"5·12"国际护士节庆祝活动、美术书法摄影大赛、"双语"互学活动,对新来院人员、来院五年内医护人员进行"医院文化"培训和考核等活动,以"健康"为主旨,加强宣传员队伍、文艺队伍、体育队伍和志愿者队伍等文化队伍建设,活跃职工文化生活。

开展"走基层、送温暖、送医送药、送健康"活动

组织党员干部深入到对口支援单位等开展业务指导、送医送药义诊咨询等活动,认真组织开展党员进社区活动。深入推进"服务百姓

健康行动""大型义诊周""优质护理服务工程"和志愿者服务活动,组织开展健康教育知识讲座、义诊咨询活动等,通过活动教育引导党员干部牢固树立全心全意为全旗各族人民群众服务的意识。

落实各项维稳措施,确保医院稳定和广大职工患者生命财产安全,解决和处理好去极端化的问题,为广大患者营造良好的就医环境。

四、乌审旗农牧业局

乌审旗农牧业局组建于2005年3月,由原农业局和畜牧局合并而成。是旗人民政府主管全旗农牧业和农村牧区经济发展的政府职能部门,兼具执法职能。共有干部职工268人,其中正式职工179人,地聘人员66人,带薪见习17人,公益性岗9人;少数民族134人;近年来,乌审旗农牧业局以维护民族团结为基础,以共同进步和发展为目标,认真贯彻落实党和国家的民族宗教政策,把加强民族团结作为农牧业工作的重要组成部分,不断为民族团结进步工作注入新的内涵。

高度重视,确保创建活动有效开展

全局高度重视民族团结进步创建工作,结合单位工作职能,把民族团结进步创建活动作为一项长期的任务,列入重要议事日程,通过多种方式加强党和国家民族宗教政策的宣传教育,加强爱国主义和反分裂、反渗透教育及法制教育,并组织学习有关法律法规,提高对民族团结进步创建活动重要性的认识,切实引导全体干部职工把创建活动同维护祖国统一,维护各民族安定团结的政治局面结合起来。

宣传教育扎实有效,团结意识深入人心

局党总支组织全体干部职工专题学习马克思主义民族观、宗教观,党的民族工作的方针政策;在干部职工中经常性开展党的民族宗教政策、法律法规及民族团结进步知识的宣传教育,使各族干部职工牢固树立"三个离不开"的思想和铸牢中华民族共同体意识。干部职工对创建活动知晓率达到100%,干部职工没有参与民族宗教矛盾纠纷。通过举办专题讲座、制作宣传版面、悬挂横幅、开展文体活动等形式,进一步加强和巩固平等团结互助和谐的社会主义民族关系;对重要材料、政策性文件、宣传画册、宣传标语、农牧业发展情况等进行全面翻译,方便农牧民及少数民族干部职工查阅;在办公楼大厅设立蒙语学习园地,每周一更新,充分渲染学习蒙语的良好氛围;把民族团结进步创建活动贯穿于精神文明建设全过程。认真落实《公民道德建设实施纲要》,大力弘扬社会公德、职业道德、家庭美德、提高各族干部思想道德素质。单位内部和谐,各族干部职工之间相互尊重、互相学习,相互包容、互相帮助,相互合作、互相促进。

业务工作成绩突出,创建活动成效显著

紧紧围绕旗委、旗政府工作思路,结合工作实际,积极争取落实《民族区域自治法》及其配套法规中规定的促进民族地区发展的各项优惠政策,在大力发展乌审旗经济、科技、文化等各项社会事业中成绩突出,切实维护少数民族干部职工的合法权益;积极参与社会公益事业。全面开展结对帮扶活动,一年内至少办成1件以上的实事,对帮扶活动建立台账,及时统计上报结对帮扶和扶贫情况;认真落实各类培训任务,全面提高少数民族干部职工的政治、业务素质,使少数民族干部职工爱岗敬业、团结务实、遵纪守法、乐于奉献,单位办事效率和服务水平高,群众满意率达到90%以上。坚持学习《马克思主义民族理论和党的民族政策》等民族理论、政策和法规的相关报告。深入农村牧区开展"三联三送"活动,针对农牧民开展各类实用技术培训,并以蒙语授课,使农牧民能更全面地掌握培训内容;加强少数民族骨干培训机制,加强对少数民族骨干、入党积极分子的培训和教育,形成人人讲团结,个个求进步的良好风气。

乌审旗农牧业局全面贯彻落实党和国家的民族政策,正确认识民族团结进步事业在推进全局发展中的地位和作用,准确把握现阶段民

族团结进步事业的现状、特点,不断开创了民族团结进步创建工作的新局面。

五、共青团乌审旗委员会

共青团乌审旗委员会共有在职干部职工15人,是由蒙、汉两个民族成分组成的大家庭。长期以来,团旗委认真贯彻执行党和国家的民族政策,充分发挥共青团组织在构建和谐社会中的引领作用,为促进民族地区经济社会发展做出了积极贡献。

深挖地域元素,打造文化名片,青年民族文化品牌闪耀全国

由主要领导编辑指导,单位出资制作的《草原英雄小姐妹》(获得由中宣部宣教局、中央新闻纪录电影制片厂主办的社会主义核心价值观主题微电影征集展示活动三等奖)、《德润草原·爱我乌审》(荣获了第三届"活力内蒙古·印象鄂尔多斯"拍客大赛优秀微电影奖)、《绿色乌审·出彩青春》、《清风拂草原·廉洁润乌审》、《如何开展"两学一做"学习教育》、《夸乌审》等尽显民族地域特色的蒙汉双语微动漫、微短片在全国、全区影视、拍客大赛中屡屡得奖获封,得到了党政认可、群众点赞、青年喜爱,成为文化强旗的重要组成部分。

强化思想引导,发挥榜样力量,激励各族团员青年奋发有为

深入基层,挖掘奋斗在生产、教育一线的蒙汉各族突出青年和先进集体。近两年间,成功培育和选树全国青年五四奖章获得者阿腾都西、全国向上向善好青年楠丁、全国农村牧区致富带头人敖特根达来、全国十杰农牧民孟克达来、全国优秀辅导员乌云斯庆以及全国青年文明号苏里格采气三厂第二处理厂和嘎鲁图收费站、全国优秀少先大队乌审旗第一实验小学等,荣膺国家级殊荣近10座。榜样的力量磅礴汇聚,激励全旗各族团员青年不忘初心,扎根故乡,绽放青春。"铸魂润德工程"立足于培育和践行社会主义核心价值观,将团员青年喜闻乐见的活动常规化、制度化,持续开展民族团结一家亲、童心向党、端午

粽香、绿色出行、爱心送考等主题团日活动,团青活动滋养道德润物无声的教化功能在各个民族青少年中传承绽放。

致力民族教育,心系困难群众,助力精准扶贫助困成效显著

立足联建共建单位图克镇图呼勒岱嘎查、梅林庙社区,辐射嘎鲁图镇、苏力德苏木、乌兰陶勒盖镇等少数民族集中分布的苏木镇,逐年逐级的优化升级"三联三帮三惠民"工作机制,从以往的党员领导干部带头帮春种、送物资、送温暖成长为送教育、送项目、送就业,累计投入资金80余万元,受益青少年、群众3800余人。"启航圆梦"助学项目、音乐教室援助项目和面向全旗蒙古族幼儿园、中小学生的蒙语动画APP《苏芽成长乐园》,在改善民族教学办校资源方面起到了显著的推动作用。通过组织"青年突击队""青年文明号"和各苏木镇青年农牧民开展青年文明号点赞美丽乡村、党员青年冲锋洪涝受灾一线、组织青年创业就业培训等活动,为筑牢基层一线民族团结的铜墙铁壁注入了动力。

六、乌审旗城市管理行政执法局

乌审旗城市管理行政执法局现有干部职工131人,其中少数民族62人,这个"大家庭"非常团结。作为窗口单位和服务部门,乌审旗城市管理行政执法局用心管理,用心服务,在为广大人民群众创造良好的市容环境的同时,对我旗各族人民团结一心共谋发展做出了应有的贡献。这家门前的通道被车堵了,那家门前有人乱倒垃圾污水了,这边有牲畜在损坏绿地了,那边的流浪狗扰民了……有事找城管,已成为许多乌审旗群众的习惯思维。变管理为服务,让乌审旗城管执法局变成了一个服务群众的议事调解机构,他们认真受理每一个来电、来访案件,通过一次次现场办公、一次次面对面沟通,让来时怒气冲冲反映问题的群众,回时脸上挂着满意的笑容。如今,执法局一系列的改革创新正让城管执法变得越来越精细化、服务化、人性化。

团结崛起的乌审

从领导重视到开展活动，在民族团结中促提升

乌审旗城市管理行政执法局每年认真开展民族团结进步宣传月活动，达到以月促年的效果。及时成立民族团结进步示范单创建活动领导小组，由主要领导任组长，分管领导具体负责，进一步建立和完善了工作责任制度，形成了责任明确化、工作具体化、主管领导亲自抓、分管领导具体抓的良好格局，做到早计划、早安排、早部署。在单位内广泛开展了民族团结进步宣传教育报告会、座谈会以及互学语言、互通思想等交流活动，帮助广大执法队员充分认识中华民族的历史和传统，深入了解近代以来中华民族的深重灾难和我们党领导人民进行的英勇斗争，深刻理解社会主义中国的历史性进步和光明前途，不断增强民族自尊心、自信心和自豪感。同时，在干部的选拔任用、评选优秀等工作上，局党组也能做到综合考虑、统筹兼顾。

从被动管理到主动服务，在民族团结中求发展

"城管来了，快跑！"随着这一声大吼，几个流动商贩一哄而散，不远处是执勤走近的两名城管队员，这是两年前乌审旗街景上的一幕。你来我跑，这种"猫捉老鼠"的管理现象也在多地上演，流动商贩管理是全国各地城管工作的难题。乌审旗城市管理行政执法局为有效解决这一难题，从"变被动管理为主动服务"的改革理念出发，从镇区居民需要和困难群众期盼做起，在充分调查研究的基础上，采取企业化运作，执法局等多部门联合监管的方式，在赛马场、独贵龙广场、苏里格广场等处设置了便民摊点让他们定点经营，为流动商贩"安家"。摊位全部面向残疾人、低保户、下岗职工、进城少数民族群众和以流动摆摊为生的困难群众，该举措共安置困难群众165户，解决了近400人的就业问题。定点经营的举措革新了"猫捉老鼠"这种被动的城市管理模式，给困难群众创造良好谋生环境的同时，方便丰富了市民的生活；定点经营还有利于食药部门对食品安全的监管，保障了群众舌尖上的安全。便民摊点工作运行两年来,得到了市民群众的认可,受到了困难群众的称赞。

嘎鲁图镇斯布扣嘎查嘎查长及几位牧民代表手捧锦旗来到乌审旗城市管理行政执法局,向局领导献上了锦旗。鲜红的锦旗上写着"人民公仆、情系百姓,执法为民、排忧解难"十六个字,这十六个字是牧民心存感激的真实写照,也是乌审旗城市管理行政执法局服务群众,与群众鱼水关系的真实写照。

从事中管理到事前防范,在民族团结中求突破

为避免规划建设管理中群众因为不知道政策法规建起的房屋又被拆除这种既给群众造成经济损失,又容易激化矛盾的管理难题,乌审旗城市管理行政执法局创新管理举措,加强城管法规宣传力度,着力提高群众的法律意识,并建立和完善事前防范工作机制,强化违法违章的事前管控,努力使违法违章发生率控制到最低限度,减少人民群众的损失。在各类广告牌匾的管理中,比如商户门头牌匾蒙汉文比例设置有问题、缺字掉字等,执法队员也是提前宣传、告知。同时乌审旗城市管理行政执法局依托"互联网+",建立"公众参与系统",创建服务对象微信交流群,充分利用微信交流群与群众进行互动,适时推出法律法规、执法动态、工作要求等宣传板块,加强工作宣传;及时回复群众的反映和投诉,答疑解难,正面引导,营造城管执法良好舆论氛围。该系统与7215001服务热线及城管热线"12319"相互补充,切实搭建起全民"共建共管"的城市管理新格局。

民族团结进步之花结出了丰硕的民族团结之果。今后,乌审旗城市管理行政执法局将一如继往地把民族团结教育工作长期进行下去,不断为乌审旗的社会主义物质文明、政治文明和精神文明建设做出新的更大贡献。

七、乌审旗文联

乌审旗文联1978年为乌审旗文化局二级单位,1986年正式成立,现有工作人员11名,少数民族8名,汉族3名;现有协会6个,即作家协会、书法家协会、美术家协会、摄影家协会、音乐舞蹈戏剧家协会和民间艺术家协会,共有各文艺家协会会员511名,少数民族377名、汉族134名。

乌审旗文联出版内部刊物《乌审文艺》《敖伦胡日呼》杂志,拥有乌审旗文联公众平台,长期使用好乐宝网站进行对外宣传。文联的性质是党领导下由旗各文艺家协会组成的人民团体,是党和政府联系文艺工作者的桥梁和纽带。

文联特殊的工作性质和民族性质决定了民族工作在乌审旗全局工作中的特殊重要地位。乌审旗历届旗委、旗政府领导高度重视民族工作,并积极培育和打造民族团结进步工作的有效载体和平台,为乌

敖包

审旗文联各项工作的顺利开展提供强有力的保障,从而使文联民族团结进步工作取得良好实效。

抓宣传教育,巩固民族团结进步的思想基础

始终坚持把宣传教育贯穿于创建活动的全过程,因地制宜,分层施教,在机关内部加强干部的民族政策理论的培训;在文艺界通过主流媒体开设专栏、专题,以及通过各种文艺活动,如大型"敖伦胡日呼"文艺集会、"萨冈彻辰"文学艺术评奖活动、"周末之约""嘎鲁图诗歌大赛"等活动大力宣传先进典型和党的民族政策,营造民族团结进步的舆论氛围,有力地巩固了民族团结进步的思想基础。

抓典型引领,带动民族团结进步创先争优的良好局面

一是抓典型活动带动民族团结。乌审旗"敖伦胡日呼"文艺集会现已成功举办16届,被自治区文联确定为内蒙古自治区第一批"一旗一品"文化品牌。每年文艺集会始终围绕"民族团结进步、社会和谐发展"这一主题,并通过开展丰富多样的文艺形式进行表彰奖励,对在民族团结进步创建活动中做出突出贡献的给予特殊奖励。

二是加强民族语言学习促进民族地区间文化交流。近年来,乌审旗文联加大出书扶持力度,通过政策扶持和资金投入,极大地鼓舞了作家们的出书热情,2013年至2014年两年期间累计出版蒙古语书籍达69本,也涌现出了一批优秀的文学作品。同时,通过每天学习一句蒙古语的方式推动职工的沟通与交流。从2000年起,乌审旗文联累计6年荣获学习使用蒙古语言文字先进集体荣誉称号。

三是加强文联与协会的沟通交流。协会是文联进行民族团结进步创建活动的主阵地,加大文联与协会的交流对促进民族团结进步创建活动具有重要的意义。文联通过领导干部联系协会的方式加强协会工作指导,推动民族团结进步创建活动。同时通过以奖代投的方式促使各协会组织丰富多彩的文艺活动。

四是转型发展,推进民族团结进步。将文艺面向社会、面向市场,是文艺走向长期发展的必要途径。乌审旗"敖伦胡日呼"独贵龙空间是乌审旗民族文化走向产业化的一个跳板,是一个集文化交流、产品批发、民族交流于一体的新型商业模式,创办独贵龙空间有效缓减乌审旗大学生就业压力,同时为宣传民族文化,促进民族地区间文化交流起到重要作用。

五是联合举办各种少数民族文艺活动,促进乌审旗文化旅游事业的迅速发展,从而促进少数民族地区民族文化的发展与繁荣。比如:察罕苏力德祭祀、那达慕大会等民族文化活动。

六是加强民族团结稳定工作。与各协会保持密切联系状态,时刻提高警惕,主动、及时、多方位掌握民族问题、民族工作、民族关系的发展变化,在遇到民族团结,社会稳定的问题上要采取切实可靠的措施进行引导和解决,不能不分形势人云亦云,制造是非、混乱,为国家和集体造成巨大损失。

加强组织领导、确保民族团结进步创建活动得到实效

乌审旗文联成立由文联主席乌云毕力格担任组长,副主席冯海燕、王瑞为副组长的文联民族团结进步创建工作活动领导小组,负责创建活动的组织、协调工作。建立一级抓一级、层层抓落实的创建活动工作机制。组织干部经常深入少数民族人口较多的协会指导创建工作,确保创建工作扎实开展。

八、乌审旗国土资源局

乌审旗国土资源局以党的十八大、十九大精神以及中央、自治区、市、旗民族工作会议精神为指导,以各民族"共同团结奋斗,共同繁荣发展"为主题,认真贯彻党的各项民族政策和相关法律法规,巩固和发展社会主义和谐的民族关系,增进各民族大团结,保持社会和谐稳定,优化发展环境,为构建绿色乌审,实现全旗经济和社会发展做出更大

贡献。

重视组织领导

加强对民族团结进步创建活动的组织领导,建立健全领导体制和工作机制,成立领导小组,由专人负责,定期研究部署工作,成立创建活动办公室,负责活动的日常工作和开展;有必要的经费保障,确保活动有序进行。

加强学习宣传

广泛深入持久开展民族团结进步宣传教育,将民族团结进步宣传教育作为重要内容,纳入社会主义核心价值观建设全过程,将民族理论政策、民族法律法规列入中心组学习教育内容;在广大干部职工中积极开展民族理论和政策的宣传教育,广泛开展"三个离不开""五个认同""五观"和"六史"教育,打牢各民族共同团结奋斗、共同繁荣发展的思想基础。把民族团结宣传教育纳入法制教育全过程、公民道德教育全过程、国民教育全过程,社会主义精神文明建设和社会综合治理全过程。要把旗帜鲜明的立场和群众喜闻乐见的形式结合起来,把一般性内容和本单位的具体情况结合起来,把阶段性的宣传教育和经常宣传教育结合起来,切实扩大宣传教育的覆盖面,增强宣传教育的针对性和有效性。

表彰民族团结进步先进典型

采取多种形式,大力宣传民族团结进步模范单位、模范个人先进事迹,让模范事迹家喻户晓、深入人心;认真开展民族团结进步活动月工作,在机关宣传栏设有民族政策宣传专栏、专版,设置民族团结进步宣传标语,定期组织干部职工参观爱国主义教育基地、民族团结进步教育基地,举办民族理论政策和民族团结进步教育讲座,观摩座谈会等活动。按照民族团结进步模范单位和个人创建评比标准,开展表彰大会,对民族团结先进集体和个人进行奖励,在全社会形成自觉维护

民族团结的良好氛围。

推进民族团结

切实落实上级对少数民族和少数民族聚居区的扶持政策,组织全体干部职工积极学习《民族区域自治法》、党的民族理论和政策,并根据单位实际情况将政策落实到业务工作中,定期对落实实施情况进行自查、总结、分析,并制定改进方案和措施。在业务大厅及各股室合理配备蒙汉兼通的工作人员,确保能够向群众提供蒙汉双语服务。重视少数民族干部人才培养使用工作,积极组织参加各类培训、讲座等。重视"双语"学习,各民族干部职工互相学习对方语言文字、互相尊重、互相帮助。加强少数民族文化的保护、传承工作,积极组织开展少数民族文体娱乐活动;尊重少数民族干部的风俗习惯和宗教信仰,保障少数民族合法权益。

全力维护社会稳定

围绕维护民族团结、社会稳定和国家统一,开展"肩并肩·爱国情"团结共建活动。大力开展党和国家民族理论、民族政策及民族法律法规、民族基本知识的宣传教育。通过各种形式开展民族团结宣传教育,把开展民族政策民族法律法规、民族风俗习惯等方面的宣传作为政治任务,积极开设相关专栏,着力开展民族团结进步宣传教育活动。以群众喜闻乐见的形式,集中进行民族政策和民族团结进步的宣传教育,着力开展民族团结教育进苏木镇、嘎查村(社区)场所活动。以创建活动为载体,大力开展民族团结进步模范个人评比表彰,增强创建活动的群众性,充分发挥典型示范带动作用。建立少数民族群众特殊困难帮扶制度,及时协调和解决少数民族群众遇到的困难和问题,及时调处涉及少数民族群众的各类矛盾纠纷。加强公共服务管理,维护少数民族平等权益,引导教育各民族群众互相尊重、互相帮助、和谐相处。

今后,乌审旗国土资源局将一如既往地把民族团结工作长期进行下去,不断开创国土资源系统民族团结进步事业的新局面,为全旗创建民族团结进步的各项事业做出新的更大的贡献,切实打牢中华民族共同体的思想基础,维护民族团结、社会稳定、国家统一。

九、乌审旗社保局

乌审旗社保局以中央各项民族政策为引领,认真开展民族工作,以优化干部结构,提高综合服务能力为抓手,切实维护少数民族群众的利益,为乌审民族团结、社会和谐、经济健康发展做出了积极贡献。

积极宣传,营造良好的民族团结进步氛围

将民族理论政策、民族法律纳入干部学习教育内容,并列入普法工作中,定期开展普法宣传工作。开设廉政文化室,收集整理了少数民族优秀作品、蒙古文报刊、图书等。

优化干部民族结构

注重局领导班子和干部队伍的民族结构,在班子配备、干部配置、干部培养上充分考虑民族结构,合理配置,形成了民族结构科学合理的班子和干部队伍,以民族团结推动各项工作。

在单位内部掀起蒙古语言学习热潮

为更好地与少数民族群众沟通,做到基本交流无障碍,单位干部职工互相帮助,以蒙古族同事为老师,积极学习蒙古族语言文化,同时,宣传栏会定期更新常用蒙古语词语和句式,以汉字的形式进行标注,促进干部职工蒙古语的学习和知识的巩固。

开设蒙古语服务窗口

考虑到乌审旗蒙古族较多,且服务质量关系政府机关单位在百姓心中印象,在人员配置方面,乌审旗社保局挑选更具有亲和力、业务能力更强、办事效率更高的工作人员作为窗口服务人员,且每个大厅均设有蒙古语服务窗口,保证了部分汉语困难的少数民族群众顺利办理业务。

十、乌审旗总工会

乌审旗通过开展民族团结进步创建活动,进一步贯彻落实党和国家民族法律法规和方针政策,营造平等、团结、互助、和谐的民族大团结良好氛围,促进各民族共同团结奋斗,共同繁荣发展。通过认真开展民族团结进步示范单位创建工作,不断探索做好民族团结进步工作的方法和措施,使各族干部职工的思想认识和行动自觉统一到党和国家的要求上来,为工会事业跨越式发展创造和谐稳定的发展环境。

大力开展民族团结宣传教育活动

一是全面贯彻落实创建工作要求,大力开展民族理论、民族政策、民族法律法规和民族基本常识的宣传教育,开展多层次、多形式的民族团结进步宣传教育活动。二是要充分发挥各种宣传媒体作用,采取多种形式积极宣传党和国家民族方针政策,宣传本单位开展民族团结进步创建活动的好经验、好典型,宣传为民族团结进步事业做出突出贡献的各族干部群众。三是结合"热爱伟大祖国、建设美好家园"等主题教育、民族团结进步宣传月等重大活动,以群众喜闻乐见的形式,集中进行民族政策和民族团结进步的宣传教育,着力推进民族团结教育。

组织开展民族团结进步宣传月活动

在每年民族团结进步宣传月活动期间,认真制定活动方案,精心组织实施,以群众喜闻乐见的形式,集中进行民族政策和民族团结进步的宣传教育,强化各民族大团结氛围,巩固和发展平等、团结、互助、和谐的社会主义民族关系。

开展结对帮扶活动

深入开展对口帮扶少数民族贫困户,抓好结对帮扶各项措施落实,动员广大党员干部与少数民族困难家庭结对子、认亲戚,面对面开展党的民族政策、法律法规和民族团结进步宣传,为困难群众办实事、做好事、解难事,推动民族团结进步,维护社会和谐稳定。通过走访、慰问、捐款、捐物等方式方法,为贫困职工和农牧区贫困群众解决生产生活中的实际困难和问题。"两节"期间慰问了困难职工、农牧民和自治区劳模 56 户,慰问患大病困难女职工 6 名,共发放慰问金 17.12 万元。

第二节
民族团结进企业 协同发展促团结

"创建活动进企业。重点是进入国有企业,特别是在民族地区的国有企业,同时鼓励进入非公有制企业。伴随着民族地区的资源开发和各民族间的交流交往,企业与民族地区、与少数民族群众的关系日益紧密,一些企业的少数民族职工不断增多。维护民族团结,支持少数民族和民族地区经济社会发展,是国有企业应当履行的政治责任和社会责任。"随着少数民族地区的现代化、工业化的发展,企业不仅成为促进民族团结的重要载体,更成为各民族同胞交往交流交融、携手发展的主要平台。乌审旗委、旗政府一直从全局和战略的高度,把民族团结进步创建活动作为重大的政治任务来抓。如今,全旗创建活动延伸到各个企业,许多企业在实现经济效益的同时,更加关注民族地区的生态建设和民生问题。经济和生态的协同发展成为民族地区的企业做好民族工作、解决好民族问题、促进民族团结的重要途径。

一、内蒙古毛乌素生物质热电有限公司

内蒙古毛乌素生物质热电有限公司是一家旨在通过科学利用沙生灌木特殊的生物习性和广袤的沙地资源,结合先进的生物质能直燃发电技术,开展生物质发电,进而实现规模、有效、持续治理沙地的专业化公司。公司成立于2006年12月30日，注册地位于内蒙古自治区鄂尔多斯市乌审旗乌审召生态化工园区，经营范围包括许可经营项目有生物质发电、热力生产及供应。一般经营项目有农副产品购销、螺旋藻养殖、销售及系列产品技术研发。内蒙古毛乌素生物质热电厂通过荒漠化治理，沙柳发电，螺旋藻的养殖，将生产线上的废弃物循环利用起来，形成碳吸收、碳减排、碳捕集一体化的三碳循环经济产业模式。发展"三碳循环经济"不仅给民族地区的各族人民带来了巨大的生态效益，也拉动当地经济发展和促进民族团结做出了贡献。

公司成立以来深入开展民族团结宣传教育活动，积极营造促进企业民族团结进步的舆论氛围。大力弘扬民族大团结大发展大繁荣的主旋律，通过扎实有效的宣传教育，帮助广大干部职工了解和掌握党的民族理论、民族政策和法律法规，增强干部职工对民族工作重要性的认识。一是充分发挥媒体优势做好宣传教育。利用公司网站、手机报、网络等，以通俗易懂、简单明了的方式面向基层职工群众开展宣传活动。注重利用网上论坛、微博、微信、博客等新媒体引导舆论导向，教育广大干部职工了解、尊重少数民族风俗习惯，引导各族职工牢固树立"三个离不开"的思想观念。二是通过各种形式的活动做好宣传教育。利用节假日开展民族知识、法制知识、历史知识讲座，并通过少数民族节日慰问座谈等活动扩大宣传教育的覆盖面。在每年举办的中秋、春节员工联谊会上，安排少数民族职工发言并介绍有关民族宗教方面的知识。三是通过典型引领做好宣传教育。公司积极培育民族团结进步教育基地和民族团结进步创建活动模范典型，通过模范带头和示范引路的作用，不断将民族团结进步创建活动引向深入。

严格执行党和国家的民族政策，尊重各民族职工的平等权利和风俗习惯，依法保障各民族职工的合法权益。一是将民族团结进步创建活动企业思想政治工作相结合。公司始终坚持以人为本，把解决思想

问题与解决实际问题结合起来对少数民族职工政治上信任,生活上关心。在公司在职工招聘过程中,同等条件下优先招聘家庭困难的少数民族职工子女就业。二是将民族团结进步创建活动与精神文明建设相结合。坚持开展"提升文明素质,建设美好家园"精神文明创建活动,不断提高各族职工群众的思想道德素质、科学文化素质和健康素质。公司坚持开展社会主义核心价值观的宣传普及教育和理想信念教育,通过设立道德讲堂每月至少开办一次道德知识、传统文化知识讲座。三是将民族团结进步创建活动与加强企业文化建设相结合。增强各族职工对企业的认同感和向心力,促进各族职工之间平等相待、和睦相处、相互学习、共同进步。

将民族团结进步创建活动与"3+1"互助共建活动结合起来,用工业化的方式带动民族地区共同发展。公司长期以来与当地农牧户建立亲密的相互依赖的伙伴关系,通过与农户签订购销合同和产前、产中、产后服务,形成了可靠稳定的利益联结机制,解除了农户的后顾之忧。同时,切实抓好"企地联建互促帮扶"。按照旗委"3+1"互助共建活动和开发区园企党建联建联创"3363"工程,支部积极完成联建帮扶工作,强化帮扶工作的连续性和稳定性,制定内蒙古毛乌素生物质热电有限公司"3+1"互助帮扶计划,认真帮助农牧民解决生产生活实际困难,围绕企业发展实际情况,带动当地群众共同发家致富。

把生态工程建设与生物质能源产业化利用有机结合,这样做所产生的效果是:沙区增绿、农牧民增收,绿色电力可再生资源持续稳定,生态养殖、优质食品持续发展。内蒙古毛乌素生物质热电有限公司自2003年进入沙漠进行治沙造林的探索,已累计投资8000余万元建设成生态灌木能源林基地2.5万公顷。将用"三碳循环经济"获取的利润持续投入治沙,通过大规模营造沙生灌木林,平茬后不仅为生物质热电厂提供成本稳定的原料保障,而且对生态植被恢复起到极大的改善作用。同时,增加了农牧民的收入和就业机会,为消除贫困做出了贡献。

二、乌审旗中燃天然气有限公司

乌审旗中燃天然气有限公司成立于 2005 年 7 月 20 日。经营项目包括,在乌审旗输配、供应和销售燃气;燃气(包括天然气和液化石油气)管网、加气站及相关设施的投资、建设、运营维护;工业锅炉技术改造、运营及设备销售;液化天然气项目投资及管理;天然气气化站项目的投资;燃气设备及用具、燃气仪器仪表及配件的销售、安装及维修;燃气计量器具的设计、生产、销售、检测及维修;提供有关安全用气的咨询服务;燃气设施和设备的设计、建设、经营、维护;汽车充电站项目建设及运营、维护;购电、售电业务;电力项目的投资、建设、运营、管理业务。近年来,乌审旗中燃天然气有限公司始终把民族团结作为维护社会稳定、促进经济发展的重要工作来抓,将民族团结列入重要议事日程,紧密结合行业特点和企业实际,全面贯彻党的民族政策,加强民族团结,深入开展民族团结进步创建活动,取得了丰硕的成果,为维护民族团结进步、促进地方经济发展、保护地方生态环境做出了积极贡献。

加强学习,注重提高干部职工对民族工作重要性的认识

公司通过不定期举办有关民族宗教工作的专题学习会,组织全体员工认真学习党的民族政策,在公司普法工作中把学习民族宗教法律法规作为重要内容,每年对学习落实情况进行检查。

凝心聚力,切实树立民族团结集体的良好形象

结合少数民族地区实际,公司着力加强基层党组织、团组织、工会、妇女组织建设,在立足十余年的工作实践当中,始终将道德建设放在首位,将积极培养使用民族干部、使用蒙汉双语放在工作的重要位置,把党和国家的民族政策、民族理论和加强民族团结政治教育工作

作为一项重要内容渗透到各项工作中。总经办将民族团结工作放在公司的重要议事日程,总经理在工作部署中经常研究民族工作,党群部按照公司要求制定工作规划工作方案,及时总结公司民族团结进步工作的成效和经验,形成共同进步、互相帮助、全心全意维护团结、维护民族大家庭和睦的优良传统。

做好服务,全力为乌审旗又好又快发展贡献力量

始终将公司"气聚人和、造福乌审"的发展理念贯彻到工作的方方面面,加强民族团结互助,着力为少数民族客户、员工提供优质服务,促进地方经济和谐发展。一是要积极围绕公司整体工作,积极大胆地使用蒙古族干部。在招工方面,将少数民族招工放在重要位置,为民族地区发展和稳定做出应有的贡献,公司在现有的干部中,蒙古族副总经理有2名,经理有1名,副经理1名,主管有2名。二是作为窗口单位,积极使用蒙汉双语,不断强化服务意识,提高服务水平。在窗口醒目的位置设置蒙汉双语宣传标语,设立蒙文缴费窗口,积极订阅蒙文报刊,进一步方便民族地区的广大群众。三是切实维护少数民族员工利益,通过丰富员工业余文化生活、深入开展员工权益法律、法规教育、建立平等协商和集体合同制度积极帮扶少数民族困难员工等关系员工切身利益问题的关注,让少数民族员工更加健康、快乐、积极主动地投入工作中。

心系群众,努力帮助困难少数民族共同发展

按照旗委、旗政府对全旗互助共建活动的工作要求,通过在"3+1"结对为共建对象——蒙古族聚居地嘎鲁图镇布寨嘎查提供优质服务,通过开展劳动技能培训,优先安排就业等措施,努力实现嘎查内人人有活干、户户能增收,让企业发展成果更多惠及农牧民,促进企业与农牧户互惠共赢,共同发展。

第三节
民族团结进社区　共享发展保团结

"社区是社会的基本单元,也是各民族交流交往交融的重要平台。随着我国工业化、市场化、城镇化的快速发展,社区的少数民族人口不断增加,各民族居住在同一社区的现象日益普遍,社区民族工作日显重要。因此,创建活动进社区,是服务各族群众,促进民族团结,建设和谐社区的需要,也是加强和创新社会治理的必然要求。"社区是城市的细胞,也是开展民族团结宣传活动的主战场。乌审旗各社区作为民族团结进步创建活动的重点领域,围绕"加强民族团结,共享和谐社区"为主题,通过组织开展民族团结宣传教育活动、民族团结进步宣传月活动、创先争优活动、帮扶活动和党群连心活动等形式多样的创建活动,涌现出一批有影响力和感召力的典型示范社区,使得各社区继续发扬各民族居民群众团结互助、扶贫济困、齐心协力共享美好生活的传统美德和各社区各民族居民相互团结、相互关心、相互帮助、和睦共处起到了榜样的作用。

一、呼热胡社区

乌审旗嘎鲁图镇呼热胡社区、紧挨沙如勒努图格嘎查村、朝阳社区、沙沙音柴达木村、达布察克村,交通便利,风景秀丽,人杰地灵。民族团结进步创建活动开展以来呼热胡社区认真贯彻上级部门关于民族团结政策,全力推动"民族团结进步和谐社区"的建设,在推动民

团结进步的同时推动了社区各项建设,也为巩固和发展平等团结互助和谐的社会主义民族关系营造了良好的社会氛围。

健全组织,完善服务

呼热胡社区建立了民主团结进步和谐社区的组织网络,健全和规范了民主管理组织和少数民族的档案管理。在此基础上,坚持与少数民族进行深入的交流,让网格员下片了解他们的所思、所想,认真梳理他们反映强烈的问题,并不断完善社区服务内容,拓展服务项目,保障他们的基本生活。

开展活动,加强凝聚

呼热胡社区为了适应少数民族多层次需求,整合社区资源,与各在职党进社区单位联系,开展丰富多彩的社区文体娱乐活动,每年活动在50场以上,在丰富他们精神生活的同时,让他们进一步参与社区、融入社区。

二、南丁社区

乌审旗嘎鲁图镇南丁社区民族团结工作在上级主管部门的指导和支持下,以抓学习、求团结、树典型、结对子、思稳定、促发展为主题,全面贯彻党的民族政策,以民族团结宣传教育月活动为契机,大力实施"得民心工程",使民族团结进步事业进一步巩固。

加强群众性精神文明建设

通过加大对精神文明建设工作硬件的投入,举办农民体育运动会、社区舞蹈队、庆祝"七一"等活动,展现全社区人民群众朝气蓬勃、奋发向上的精神风貌。

认真开展民族团结教育月活动

成立民族团结教育活动领导小组,由社区支书任组长具体负责,由社区主任、干部为成员的工作机制,利用板报、悬挂横幅、张贴标语等形式,在全社区范围内大力宣传党的民族理论和民族政策,为进一步巩固和发展民族团结的大好局面奠定良好的基础。

依法加强宗教事务管理,积极引导宗教与社会主义社会相适应

认真贯彻中央及自治区、市关于民族宗教事务管理的政策,进一步加大宗教管理力度,严格落实"三管一负责制"等制度,不断加强宗教工作队伍建设,提高干部队伍素质,认真学习马克思主义哲学、宗教理论和党的方针、政策,熟悉有关法律,掌握宗教工作的基本知识。

大力实施民心工程

把民族团结教育与为各族群众办实事、办好事结合起来,从解决各族群众最关心的实际问题和难点热点问题入手,想群众之所想,急群众之所急,谋群众之所谋,组织开展了送温暖、献爱心等活动,使干部群众在实践中接受教育,增强民族团结意识,提高道德素质。

三、独贵龙社区

近年来,乌审旗嘎鲁图镇独贵龙社区紧紧围绕"共同团结奋斗、共同繁荣发展"这一主题,以民族团结进步示范创建工作为突破口,通过举办各种形式的创建活动,积极营造民族团结的浓厚氛围,促进社会和谐稳定。

"迎新春、庆元旦"活动

辖区党员、社区居民等100多人参加了本次活动。活动很好地整合了社区资源,大大丰富了各民族文化生活,凸显健康、有益、积极向上的文化主题,倡导科学健康的生活方式。增强民族团结凝聚各民族居民团结一心,共同打造和谐社区。

庆祝元宵节文体活动

元宵节来临之际为丰富社区居民业余生活,2015年3月5日独贵龙社区举办了庆祝元宵节文体活动,来自社区的工作人员和社区居民欢聚一堂,共同庆祝元宵佳节。与此同时,社区还开展了志愿服务宣传活动让更多的人参与到志愿服务活动中来,并发放宣传手册100多

份,深受居民欢迎。社区始终重视落实党的民族政策,努力营造民族团结的良好局面。社区充分利用资源,以文体活动为载体,落实民族团结宣传教育工作。

关爱老人、春暖社区活动

为庆祝"五一"国际劳动节,4月30日,独贵龙社区举办"一份关爱,一份快乐,让温暖与微笑常在"主题活动,为社区孤寡老人、广大居民送去阳光般的温暖。对辖区孤寡老人进行慰问和志愿服务活动。在蒙古族孤寡老人赵振义家中,服务队将白面、大米等生活必需品为老人摆放整齐,并亲切询问老人生活及身体情况。大家还为老人清理了室内外卫生。同时,在社区活动室举行了踢毽子比赛,活动吸引了社区60余名群众积极参与。此次活动的开展,不仅加强了社区与居民之间的联系和了解,奉献了一份爱心,同时也在邻里之间建立了互助互让的关系,促进了社区民族大团结。

开展政策法律法规进社区活动

5月19日下午,独贵龙社区在独贵龙广场特邀请社保、计生等5个部门工作人员开展了政策法律法规知识宣传活动。据了解,本次活动解答各类法律法规问题20余件,发放蒙汉双语政策宣传材料600余份,参与各民族群众达到500余人。活动为促进平安、和谐社区建设奠定了良好基础。

慰问辖区病残儿童

5月28日,独贵龙社区慰问看望了患有恶性骨肉瘤的社区少数民族居民苏力德小朋友,为他们送去节日的问候和关爱。社区干部职工走访困难少数民族家庭,扶贫帮困,对他们进行物质慰问。

举办"我们的节日·端午——孝老爱亲"活动

通过此项活动使辖区内的困难独居老人、老干部感受社区大家庭的温暖,6月18日上午独贵龙社区居民党员、社区志愿者在社区活动室包粽子,并进行上门送上端午粽活动,践行"孝老爱亲"传统价值观。

独贵龙社区坚持将少数民族团结工作作为社区工作的一个重要组成部分,积极进行探索与创新,努力提高辖区少数民族居民的整体素质,共同打造和谐社区。

第四节
民族团结进乡镇　绿色发展助团结

"乡镇是我国最基层的行政机构,一头连着城市,一头连着农村,是党和政府联系人民群众的纽带。随着城镇化进程的加快,乡镇在促进城乡区域协调发展的作用日显重要,尤其民族乡镇稳定发展的任务更加突出。"特殊的环境和任务决定了民族地区的乡镇政府既具有一般乡镇政府的共性职能,还具有宣传和落实党的民族政策、加强民族团结、处理好本地区民族、宗教问题、构建和谐民族关系、维护社会稳定和国家统一等一系列个性职能。在乌审旗民族团结进步创建活动开展以来,以乌兰陶勒盖镇(苏木)、乌审召镇、苏力德苏木和嘎鲁图镇为代表的民族团结示范镇,从自身区位优势、资源优势和民族特色资源优势出发,化资源优势为产业优势,大力发展现代农牧业和乡村旅游业等民族特色经济,推动民族地区经济的绿色发展的同时也促进了各民族的大团结,社会的大稳定。

一、乌兰陶勒盖镇

乌兰陶勒盖镇位于乌审旗中东部,全镇总面积1389平方千米,下辖8个嘎查村(社区)36个农牧业社,户籍人口3476户8452人,其中少数民族人口4427人。现有耕地面积9.6万亩。先后荣获全国人口和

第四章　民族团结典型引领

吉祥乌兰陶勒盖

计划生育依法行政示范乡镇、市级园林城镇、全市文明苏木乡镇等各类荣誉称号 10 余项。近年来,乌兰陶勒盖镇在旗委、旗政府的正确领导下,在旗统战部、民族宗教部门的精心指导下,认真贯彻执行党和国家的民族方针政策,以改善民生为重点,把民族团结进步的要求落实到为少数民族群众排忧解难上来,体现到实现和维护少数民族群众切身利益上来,扎实做好保障少数民族民生、维护民利、落实民权各项工作,增强了民族团结,维护了社会稳定,促进了民族地区社会和谐稳定,经济全面发展。

大力发展少数民族地区经济,引领农牧民增收致富

围绕全镇"一核一圈两区"经济社会发展布局和"南农、北牧、东闲、西崇"文旅融合产业布局,大力发展少数民族地区农牧业和特色文化旅游业。实施农牧业"南北提升"工程,继续推进北部鄂尔多斯细毛羊养殖主产区和南部生猪养殖核心区建设,大力推行"龙头企业＋支部＋合作社＋农牧民"多元利益联结模式,积极促进汉族与少数民族合作经营,共同发展,各族群众生产生活条件得到明显改善。启动乌兰

陶勒盖镇文旅融合改革试点,构建以甘霖乌素景区为龙头的"1+N"全域旅游发展新体系,"牧野彩虹"文化旅游体验长廊有序推进,"老村长故事汇"建成开讲,"乌兰陶勒盖手工"品牌效益持续显现。积极争取少数民族扶贫和发展项目,坚持少数民族养老、医疗保险补助、代缴政策。累计完成少数民族危房改造405户,实施民族地区棚圈改造684处,推进少数民族节水灌溉项目328户。着力抓好少数民族扶贫工作,实现144户288名少数民族贫困户稳定脱贫。投入55万元扶持文贡塔拉、瀚盖都仁等以少数民族为主的特色养殖合作社发展,使少数民族群众切实感受到了党和政府的关怀。

扎实抓好精神文明创建,积极开展民族宗教活动

多年来,乌兰陶勒盖镇结合全旗民族工作实际,既坚持常态抓民族团结教育,又突出重点,抓民族宗教和文化活动。在日常教育中,做到五个坚持。一是坚持经常组织干部认真、系统地学习马克思主义和党的民族政策。二是坚持把各族领导干部、党员、团员和青少年作为教育重点,教育广大干部群众特别是少数民族领导干部从自身做起,做维护和增强民族团结的模范,在党团组织生活和党课、团课教育中,都把民族团结作为一个重要内容,同时,注重从学校抓起,使青少年从小就树立起民族团结的思想。三是坚持因人施教,对党员、团员干部和职工,侧重组织他们学习马克思主义民族理论和党的民族政策、宗教政策。从理论上、政策上提高思想认识。对文化水平低的农民、社区居民和中小学生,侧重向他们宣传民族团结的好人好事,引导他们从历史经验和切身体会中认识加强民族团结的重要性。对务工人员和其他流动人员,首先向他们介绍当地少数民族的风俗习惯,使其入乡知俗、入乡遵俗、入乡随俗;四是坚持运用各种形式进行民族团结教育,把教育融入丰富多彩的活动之中。近年来,镇内利用广播、宣传栏、短信平台、墙报等各种宣传工具和宣传阵地广泛宣传民族团结的重要意义,

营造了良好的社会舆论氛围。认真办好少数民族文化活动。近三年,全镇共开展那达慕大会、木华黎祭祀、敖包祭祀等各种民间公共文化活动 25 场次,开展送图书、送电影、送演出等文化下乡活动 36 次,配合市民委连续承办"毕力贡仓·书香高原"大型文化系列活动 3 届,与此同时,还在社区、企业、居民区广泛开展民族团结联谊活动,提倡不同民族的农牧民、学生、工人、居民之间广结民族团结的"对子",通过这些活动,大大提高了各族干部、群众对民族团结重要意义的认识,增进了各民族之间的思想感情。

大力培养少数民族干部,认真贯彻少数民族宗教政策

在正确贯彻执行党的民族政策和宗教政策过程中,全镇坚持把教育培养少数民族干部作为加强民族团结重要保证,主要抓好四个方面工作:一是注重少数民族干部的培养和使用,切实提升少数民族干部业务水平,提升为少数民族群众服务的能力。目前,全镇领导班子、干部职工和嘎查村班子少数民族干部比例分别达到 50%、44%和 47%。在学习、工作、生活上更多地考虑和照顾少数民族干部,加大第一线少数民族专业技术人才的培养,积极在卫生、农牧、畜牧、林业等行业培养一批青年少数民族专业技术人才队伍,服务于广大农牧民。二是认真落实党的民族宗教政策。全镇嘎查村均成立了民族宗教管理小组,对合法的少数民族宗教活动予以保护,并将富有民族特色的敖包祭祀、木华黎祭祀等进行推广宣传,提升文化吸引力和地域特色。加大对少数民族宗教人士团结教育工作。定期不定期开座谈会,向少数民族宗教人士和信教群众宣传党的宗教政策,充分发挥民族宗教在民族团结和社会稳定中的积极作用。三是大力提倡"双语"学习,开办"蒙语小课堂",引导各族干部群众互学语言文字,切实做到无障碍沟通交流,极大地促进了各民族间的相互了解和信任,增进了民族感情,推动了民族团结进步。

团结崛起的乌审

自创建工作开展以来,乌兰陶勒盖镇抓实、抓好民族团结进步创建工作,像爱护眼睛一样爱护民族团结,想维护自己的生命一样维护社会稳定,不断促进全镇社会和谐稳定,经济繁荣发展。

二、乌审召镇

乌审召镇历史悠久,山川秀美,人杰地灵,物阜民丰。二十世纪五六十年代,曾因治沙造林、改变自然环境而闻名全国,被党中央誉为"牧区大寨",从此名扬四海。乌审召镇因驻地"乌审召庙"而得名。乌审召镇位于乌审旗最北部,北与鄂托克旗和杭锦旗接壤,东依伊金霍洛旗,南接乌兰陶勒盖镇,地理位置优越,东乌铁路穿境而过,交通十分便利,是鄂尔多斯正在打造的生态化工园,也是自治区500万吨级能源重化工基地。全镇总面积2000平方千米。近年来,乌审召镇实施了生态立镇、工业强镇、开放兴镇和文化塑镇"四大战略",全镇上下干事创业,争先发展,努力建设全旗经济强镇,全镇经济社会各项事业呈现

乌审召

出持续、快速、健康发展的良好态势,已成为全旗经济发展最快、最具活力的乡镇之一。近年来,乌审召镇在镇党委、政府的坚强领导下,在旗委统战部、民族宗教事务局的具体指导下,全面贯彻党的十八届三中、四中、五中、六中全会精神及习近平总书记系列讲话精神,促进团结和谐、维护社会稳定,全面推进统一战线各领域工作,认真组织开展了各项工作。

深入学习贯彻党的十八大、十九大精神,努力开创乌审召镇民族团结进步事业新局面

统一战线作为我们党的总路线、总政策的重要组成部分,民族团结是各族群众的生命线,这些在十八大报告中体现得非常充分。这些重要论述,充分体现了中央对统一战线、民族工作的高度重视,体现了我们党对民族团结进步事业发展规律的深刻把握也为新时期民族工作指明了方向。乌审召镇注重培养各族干部的政治意识、大局意识、责任意识、把学习贯彻十八大、十九大精神作为首要政治任务来抓。强化同舟共济的理念,使同心更加紧密,同向更加自觉,同行更加坚定,自觉接受中国共产党的领导。

抓机遇、谋发展,全力推进民族团结进步进企业

重点围绕乌审召镇民营企业发展思路方面的难点问题,组织有关人员深入基层、各企业开展调研,形成高质量、有针对性的调研报告,为旗委、旗政府提供有力决策和参考。深入开展非公有制经济人士综合评价工作,同时以综合评价为抓手,引导非公有制人士树立以利兼顾、以义为先理念,肩负法律责任和社会责任,构建和谐劳动关系,树立良好的社会形象。深入开展非公有制经济组织"感恩奉献、回报社会"行动,真正把"感恩行动"作为激发非公有制经济人士社会责任感的创新之举,作为提升非公有制经济人士社会责任感的创新之举,作为提升非公有制经济人士思想素质的有效之举,作为融洽阶层关系、

增进团结的和谐之举做好中小企业融资平台的打造工作。积极开拓,强化服务,搭建企业、银行的联系平台,为中小企业融资服务,为更多的民营企业搭建融资服务平台服务,扎实推进民族团结进步进企业各项工作。

保稳定、促和谐、稳步开展民族宗教工作

实现各民族共同团结奋斗、和谐发展、和顺稳定是我们党立党为公、执政为民的根本要求,是全镇各族人民的共同愿望。选树民族团结进步先进个人和先进集体、学习使用蒙古语文先进个人和先进集体;进一步深入了解宗教人士和信教群众基本情况在全镇范围内部分宗教人士和信教群众中以问卷调查形式进行了调查研究,进一步了解了宗教人士和信教群众基本情况及存在问题;开展了宗教人士慈善周活动,活动中共捐了2370元,通过捐款活动创造了良好的社会氛围;组织实施土坯房改造、乌审召庙修缮、古籍整理等一批民族宗教项目;成功举办了"中国·乌审召首届草原生态文化节"、第十四届敖伦呼日胡文艺集会暨巴音陶勒盖那达慕大会,注册成立了牧区大寨博物馆;新建民族食品专业合作社1处,大力推进民族团结进步事业发展,申报实施26户少数民族土坯房改造项目和9个少数民族发展资金项目,有力地促进民族团结进步事业健康发展。

狠抓宣传教育工作,弘扬牧区大寨精神

民族工作能否顺利开展,关键在于基层是否落实好民族方针政策,组织嘎查村主要干部听取了马克思主义民族观、民族理论等有关知识,使基层村干部对民族工作有了新的认识。经常组织农牧民开展宗教事务条例、民族宗教有关法律法规、科技知识等培训活动。健全和完善了农村牧区科技服务体系,受到了广大农牧民的一致好评。

制定《乌审召镇"弘扬牧区大寨精神、守护生态文明家园"系列评选活动实施方案》,开展"遵纪守法示范户""民族团结模范户""勤劳致富示范户""孝老爱亲模范""美丽庭院""文明和谐家庭"等系列评选表彰活动,通过树典型、立榜样、学先进,着力提高全镇的道德意识、文明意识、法规意识和家园意识,增强农牧民集体荣誉感;巩固提升牧区大寨形象成功举办了纪念"牧区大寨"命名50周年春季植树造林大会战启动仪式;积极开展文化惠民活动,组织举办广场文化活动16场,举办民乐、舞蹈等培训5场次,保护传承民族文化的同时,不断丰富各族群众业余文化生活。

三、苏力德苏木

苏力德苏木位于乌审旗西南部,是一个以畜牧业为主导产业的特色牧业苏木。于2005年10月由原陶利镇和沙尔利格镇合并而成,下辖11个嘎查村,54个农牧业社。总面积3150平方千米(472万亩),占全旗总面积的27%,草牧场220万亩,有林地面积230万亩,水浇地面积17万亩,总户数4829户,总人口12355人,其中蒙古族8263人,

察罕苏勒德

占总人口的70%。

苏力德苏木资源富集、文化底蕴深厚、革命历史悠久。境内羊、煤、土、气共生;是"三乡"文化的传承地之一(中国·苏力德文化之乡、蒙古族敖包文化之乡、鄂尔多斯歌舞文化之乡),也是内蒙古自治区最早的革命根据地之一。并有自治区级文物保护单位——文公梁古墓群、千年古刹——陶尔庙和蒙古大汗国——"九斿白纛"等多处文化旅游资源。"九斿白纛"祭祀区现已开发为察罕苏力德游牧生态旅游区。

近年来,苏木党委、政府依托资源优势,从强化畜牧基础产业、发展文化旅游产业、提升城镇功能、改善生态环境出发,围绕"以人为本,建设绿色乌审"发展理念,团结带领全苏木各族人民抓实事、求实效、谋发展、促跨越,全面以"畜牧业强苏木、文化塑苏木、城镇三产活苏木,加快建设和谐新牧区"的发展思路,全力推动牧区经济快速发展。

四、嘎鲁图镇

美丽的嘎鲁图镇位于内蒙古自治区最南端,鄂尔多斯高原西南边缘,是全旗的政治、经济、文化中心,因这里栖息大雁而得名,素有"大雁故乡"之美称。全镇总面积2309.4平方千米,辖12个嘎查村、6个社区,是一个蒙古族为主、汉族占多数的少数民族聚居区。嘎鲁图镇物华天宝、人杰地灵,境内蕴藏着丰富的天然气、天然碱、煤炭等非金属矿产资源和水资源。鄂尔多斯细毛羊享誉区内外,"赛哈白"无公害蔬菜、"八白室"奶食品深受四海宾朋青睐。这片肥沃的土地上,孕育了许多优秀的民族儿女和灿烂的民族文化。伟大的民族解放运动"独贵龙"运动从这里兴起,"独贵龙"运动领袖席尼喇嘛就生于此。"敖包文化""鄂尔多斯歌舞""嘎鲁图民间诗歌"等民族文化源远流长。这块古老而青春的土地,沐浴着改革开放的春风,乘着现代化建设的航船,正焕发出蓬勃的生机和无限的魅力。

多年来,嘎鲁图镇牢牢把握各民族"共同团结奋斗、共同繁荣发

第四章 民族团结典型引领

嘎鲁图镇

展"的民族工作主题,积极开展民族团结进步创建活动工作,广泛开展丰富多彩的学习宣传活动,使民族团结进步事业取得新的进展。

切实加强组织领导,深入开展民族团结进步活动工作

在民族团结进步活动月期间嘎鲁图镇以学习贯彻市、旗民族工作会议精神作为主要内容,召开了专题会议,认真研究城市少数民族和嘎查村少数民族工作问题,并制定了活动方案,动员社会各方面的力量,大力促进少数民族经济社会各项事业的发展。

加大宣传教育力度,营造民族团结进步活动的浓厚氛围

嘎鲁图镇利用了多种形式,大力开展了民族理论、民族政策、民族法律法规和民族基本常识的学习宣传活动,使广大干部群众充分了解到了党的民族政策,争做民族团结的模范。在《和谐嘎鲁图》互动平台,

开设了"民族团结进宣传"专题专栏。于2014年9月14日利用呼和陶勒盖嘎查《呼和陶勒盖文化历史》开展仪式暨2014年牧民文体活动,采取悬挂横幅等形式,在嘎查集中开展了一次声势浩大的宣传教育活动。同时,由社区滚动播放了宣传标语若干条。

积极开展民族团结进步创建活动

嘎鲁图镇开展了丰富多彩的群众性活动,各部门通过组织开展少数民族文体活动等系列活动,让各族群众切身感受到了党和政府对少数民族群众的关怀,看到新时代各族人民崭新的精神风貌。

总之,嘎鲁图镇始终把民族团结进步活动工作作为进一步贯彻党的民族政策、加强民族团结、促进少数民族和民族事业发展的有利时机,切实将"民族团结进步活动"精神落到实处,为下一步更好地开展民族工作打下坚实的基础。

第五节
民族团结进学校　特色教育结硕果

"创建活动进学校是贯彻落实好中央关于在各级各类学校广泛开展民族团结教育的决策部署,推动党的民族理论和民族政策,民族法律法规进课堂、进教材、进头脑,是使马克思主义民族观、'三个离不开'、'五个认同'思想深深扎根于各族青少年心中,各民族同呼吸、共命运、心连心优良传统代代相传的必然要求。"青少年学生是祖国的未来、民族的希望。在学校全面、深入、坚持地开展民族团结教育,引导各族青少年学生牢固树立正确的国家观、民族观、牢固树立中华民族是一个大家庭的思想,牢固树立"三个离不开"的思想,是加强和改进未成年人思想道德建设,培养德智体美全面发展的中国特色社会主义合格建设者和可靠接班人的必然要求,是不断增强中华民族凝聚力和向心力,确保中国特色社会主义事业不断前进的根本保证。作为国民基础教育阶段的乌审旗沙尔利格小学和乌审旗蒙古族实验小学同全国一样,深感责任重大,使命光荣。为此,他们传承历史,弘扬教风,在乌审旗这个少数民族聚居区,始终践行"民族团结从娃娃抓起"这一铮铮誓言。

团结崛起的乌审

一、沙尔利格小学

沙尔利格学校始创于1890年,1952年成为蒙汉合校。目前,全校蒙汉语共计18个班,蒙汉班学生共计322名,蒙汉语授课老师共计76名。由此,民族团结工作在沙尔利格小学尤为重要,为了沙尔利格小学蒙汉语授课学生的健康和谐发展,创建民族团结进步示范学校,沙尔利格小学做好了以下几方面的工作。

开展了形式多样的民族团结进步教育活动

每周一开展国旗下讲话活动。活动采用蒙汉两种语言进行演讲,为蒙汉师生搭建了一个互相学习,增进了解,促进团结平台;每学期开展一次民族团结教育主题讲座。主要讲解各民族礼仪、传统文化、风俗习惯、爱国英雄事迹等;沙尔利格小学在上级部门的指导下,将民族团结教育内容加入本校校本教材。其中,蒙古族学生以"游牧文化传承"为载体、汉族学生以"农家文化传承"为载体,每周开展一节实践课程,让学生在中华民族的优良传统文化的熏陶下健康成长;邀请有关部门领导、专家学者和老前辈定期为师生作感恩祖国、感恩学校、感恩父母、感恩老师的专题报告讲座。

广泛开展校际交流,增强民族感情,加快教育区域均衡发展步伐,不断提高教育教学质量

积极开展校际结对交流共建活动。学校与呼吉尔图小学、蒙古族实验小学、河南学校、昂素学校,鄂托克前旗蒙古族小学、上海庙小学、城川小学结为共建活动学校,从办学思想、办学特色、学校(幼儿园)管理、培养目标、民族团结等诸多方面互访互学,广开思路;与结对学校开展校际结对教育教学研究活动。互派学科领域骨干教师深入对方教学第一线,参加讲示范课、听课、评课讲座、研讨、谈实践等教育教学研究活动;开展校际结对学生兴趣活动。为了学生的全面和谐发展,沙尔利格小学在全校学生中开展各项体育类与艺术类活动,让学生在快乐

中成长,并与结对学校之间举行形式多样的艺术、体育、科技兴趣小组邀请赛和学科联赛,举办重要纪念日联谊活动,开阔视野;与兄弟交际活动学校交流,提高乡村学校少年宫活动开展质量,开拓少年宫发展方向与道路,努力打造沙尔利格小学乡村学校少年宫品牌。每学期沙尔利格小学校与兄弟学校交流,共同探讨教育教学工作及今后在学校特色发展中如何开好校本课程等。

开展学校(幼儿园)与家庭、学校(幼儿园)与村(嘎查、社区)结对了解民情、民意活动

学校深入学生家庭和村(嘎查、社区)了解民情、民意,使家长对学校(幼儿园)教育教学(保教)、孩子的成长有进一步认知,使学校(幼儿园)及时了解家庭和村(嘎查、社区)存在哪些不利于民族团结、不利于社会和谐、不利于孩子健康成长的情况,及时反馈并处理,确保家庭幸福和睦和地区和谐稳定;与苏木11个嘎查建立了结对共建关系。文化离不开民俗,也离不开实践。沙尔利格小学为了提高学生的观察能力、培养学生的操作能力,经常走进牧民、农民家中访问蒙汉民族的不同礼节,从小养成尊重各民族的习俗、礼仪、文化;沙尔利格小学是以寄宿生为主的学校,在校时学校注重培养学生们的饮食习惯。每周的饮食安排中都考虑适合口味、适合习俗的饭菜。

积极开展校内学习、校际互访活动

积极开展各族师生相互联络、访问活动,形成机制,增进了解和沟通,加强交流合作,促进相互学习、共同进步;开办了家长学校,开创了学生、老师、家长三维立体循环合作交流促进模式,每月开展一次家长代表座谈会,交流民族团结中存在的问题及日后努力方向。

总之,民族团结是关系沙尔利格小学的安定与发展的重要一环,只有做好了团结稳定,才能使沙尔利格小学校繁荣发展,才能保证师生有一个和谐安定的学习、生活环境。

二、蒙古族实验小学

乌审旗蒙古族实验小学建于1950年,1991年由原伊克昭盟教育处将"乌审旗一完小"改称为"乌审旗蒙古族实验小学"。2008年旗委、旗政府优先重点发展民族教育事业,积极改善学校办学条件下,投入实施新建蒙古族小学项目,2009年9月学校整体搬迁至新校区,高标准、现代化的教学环境为全校广大师生营造了良好的学习和发展空间。学校占地面积为46662.75平方米,建筑面积为21483.39平方米,教学硬件设施已达到较高水准,有远程教育总控制室,科技活动室等多功能厅,所有教室都配备了电子白板、多媒体教学设备,实现了班班通和双网共通。长期以来,蒙古族实验学校始终紧紧围绕"共同团结奋斗,共同繁荣发展"民族工作主题,积极开展民族团结进步创建活动,在乌审旗民族团结进步创建"六进"活动中发挥了表率作用,为各民族共同团结奋斗、共同繁荣发展谱写了新的篇章。

自2012年起,鄂尔多斯市在全市教育系统开展民族团结进步"手拉手、心连心、促团结、促和谐"活动,乌审旗蒙古族实验小学与东胜区万佳小学开展包括教师之间、学生之间、班级之间多种形式的"结对子"活动,通过蒙汉教师共同办公、集体备课、教研活动等方式,相互学习语言、研讨教学业务、相互关心生活,促使"结对子"双方增进了解、增进友谊、共同提高。两校引导少先中队、小队以民族团结开展活动,促进同年级所有蒙、汉学生互相"结对子",实现班级之间的交流和沟通。学生之间还开展了"班级联谊"和"两校特色运动会"等活动。利用"六一"儿童节、寒暑假组织家庭之间探望、互访活动,逐步将"结对子"活动延伸到家庭,拓展到社会。通过丰富多彩的共建活动和交流,使民族团结进步之根深深扎在了师生心灵的土壤之中,为推动民族团结进步工作起到了极大的促进作用。

第六节
民族团结进寺院　和谐友爱绽新花

"宗教场所是信教群众开展宗教活动的场所。在新疆等西北地区的清真寺、西藏和四川省藏区的藏传佛教寺开展民族团结进步创建活动是建设和谐寺庙的重要工作之一,有利于党和国家的民族宗教政策法规贯彻落实,有利于加强和创新寺庙管理,进一步调动广大宗教界人士和信教群众爱国守法的积极性,有利于维护正常宗教秩序和寺庙的和谐稳定,促进寺庙与社会和谐相处。"宗教作为一种重要的文化要素及价值系统对人们的社会生活产生广泛而深刻的影响,是处理民族关系和宗教问题的重要力量。民族团结创建工作开展以来,以乌审旗乌审召庙和陶日木庙为代表的民族团结进步创建活动示范寺观教堂坚持党的宗教工作基本方针,转变思想观念,创新工作举措,健全体制机制,完善规章制度,着力理顺关系、化解矛盾、维护民族团结、稳定和谐,切实把创建活动与提高宗教活动场所管理水平相结合,与增强宗教教职人员综合素质相结合。通过创建活动的开展,使宗教界自身素质更加提高,宗教活动场所管理更加规范有序,宗教关系更加和谐,充分发挥了典型的示范作用。

一、乌审召庙

乌审召庙远景

乌审召庙位于鄂尔多斯市西南部，隶属乌审旗乌审召镇行政区域，距旗人民政府所在地 78 千米，镇人民政府所在地 16 千米，是鄂尔多斯市现有保存比较完整的寺庙之一。乌审召庙是内蒙古自治区重点文物保护单位，自治区 AA 级旅游景区。1980 年宗教政策恢复后，首批开放的佛教合法宗教活动场所之一。乌审召庙始建于 1577 年，已有 400 多年辉煌悠久的历史，现有大小殿堂 20 座、大小佛塔 112 座。从事参加佛教活动的僧人 88 名，信教群众有近 3 万人。近几年多方筹资共投入 7000 多万元，全面修缮和恢复寺庙破旧建筑，形成了一定规模的寺院。2004 年至 2013 年先后被旗、市、区民族宗教部门评为模范宗教活动场所、五好宗教活动场所、爱国爱教宗教活动场所和文明宗教活动场所等，2011 年被旗民族宗教事务局评为创建和谐寺观教堂先进集体。自开展创建活动以来，在各级民族宗教事务部门的高度重视和指导下,高举爱国主义旗帜,大力弘扬爱国爱教的优良传统,拥护中国共产党的领导和社会主义制度,维护祖国统一、民族团结和社会稳定,为促进美丽富饶和谐绿色乌审建设创造了良好的社会发展环境。

健全机构,强化领导

宗教和谐是社会和谐的一个重要组成部分,保持和促进宗教领域的和谐,事关中国特色社会主义事业的全局,事关构建社会主义和谐社会的进程,事关党和国家的兴旺发达和长治久安,做好创建民族团结进步示范寺观教堂工作意义重大、影响深远。一是成立工作领导小组,加强对创建工作的领导,在全力做好本寺庙创建工作的同时,充分发挥带头作用,积极带动其他宗教活动场所的创建工作。二是结合寺庙实际情况,制定了详细的创建活动实施方案,明确每位成员的职责,并细化目标任务。三是每个月适时召开创建工作会议,深入学习、深刻领会相关会议文件精神,同时采取走出去、请进来学习交流等多种形式,广泛学习借鉴先进做法和经验,并结合自身实际,总结不足,提出下一步努力方向和目标。

改善环境,树立形象

乌审召庙过去的宗教活动场所比较狭窄,周边环境较差,无法满足广大信教群众的信仰需要。为切实改变寺庙宗教活动场所自身条件和广大信教群众信仰环境,树立良好形象,通过积极争取、多方筹措资金于2005年开始修缮恢复大经堂、时轮经堂、药王庙、佛塔、活佛殿堂等近4000平方米,僧人住宿、后勤设施等120多间,1200多平方米,现有活动场所总面积为25000多平方米。设立警务室、数字监控室等,安装电子监控设备、购买微机、乐器、桌椅等公益用品。同时硬化、美化、绿化周边环境,使寺庙成为休闲度假和学习的中心。现在寺庙宗教活动场所内全部为水泥路面,干净整洁。硬件设施齐全,功能完善、环境优美。

建章立制,规范管理

始终将制度建设作为做好宗教工作的前提,努力健全各项规章制度,切实做到了以制度管人,先后制定了《法会守则》《档案制度》《消防安全制度》《卫生防疫制度》《专职喇嘛人员管理制度》《财务管理制度》《文物保护管理制度》《喇嘛出勤、请销假制度》等。同时每月组织全体教职人员和工作人员认真学习各种规章制度,接受广大信教群众的监督。通过一系列的活动,寺庙管理逐步实现了制度化、民主化,形成了管理有序、团结和睦的和谐局面。在财务管理方面,寺庙严格执行《宗教活动场所财务监督管理办法(试行)》和《民间非营利组织会计制度》,严格做到了一支笔审批,收支两条线,重大支出经寺庙管理委员会研究决定,并报主管部门备案,做到集体当家、民主理财。为更加规范财务管理,聘请具有资质的财会人员,统一做账、统一管理。收支情况做到当日入账,每月向广大教职人员张榜公布账目一次,每季度向主管部门报表一次,每年清理财物一次,做到公物不私用,保证了财务的阳光运行,得到了社会各界的肯定,赢得了广大教职人员的信任。完善了相关设施设备,每半年进行一次安全整治和消防器材的检查,每月进行一次安全排查,发现安全隐患,立即进行整改,确保了广大教职人员和信教群众活动安全,从开放至今没有出现任何安全事故。

强化学习,提升素质

将充分发挥桥梁和纽带作用,积极引导宗教教职人员依法信教摆在首要位置,不断强化学习,努力提高信教群众素质。一是加强时事政治的学习,提升信众思想素质。组织广大宗教教职人学习国家的方针政策及时事政治,从而自觉拥护党和政府的领导,坚定走社会主义道路的信心和决心。二是加强相关法律法规的学习,提升信众法律意识。组织信教群众深入学习宪法、《宗教事务条例》和各项规章制度,将遵纪守法同寺庙各项规章制度结合起来,引导广大宗教教职人员和信教群众做一个知法、懂法、守法的好公民、好宗教教职人员。三是加强佛教学思想学习,提升佛教界人士的宗教学识。结合时代发展的步伐,对佛教法式进行适应时代要求的阐释,组织宗教教职人员弘扬教义与社会主义精神文明、社会主义和谐社会相一致的优良传统,从更深层次上促进宗教与社会主义社会相适应。

积极引导,力促和谐

将积极引导广大宗教教职人员走与社会主义社会相适应的道路,促进社会和谐作为自己的首要责任和义务。首先,教职人员以身作则,带头执行,将《宗教事务条例》等相关法律法规作为自己的行为准则,牢固树立只有做好一个公民,才能当好一名佛教信徒的理念,在日常生活当中鞭策自己的一言一行。其次,积极带领广大信教群众认真践行《宗教事务条例》等法律法规,坚决抵御境外敌对势力的干预,每逢国内国际上有重大影响的事件发生,都会组织开展专项教育活动,引导宗教教职人员正确认识和看待相关问题,保证每一位宗教教职人员都能坚持与时俱进,弘扬佛教的爱国爱教、服务社会的优良传统,积极拥护中国共产党领导和社会主义制度,维护祖国统一、民族团结和社会稳定。多年来,未发生一起宗教教职人员违法犯罪事件。

发扬传统,服务社会

创建活动以来,积极发扬爱国爱教的优良传统,秉承"以人为本,和谐发展"的理念,始终致力于社会公益慈善事业。多年来,寺庙管委会想群众之所想,急群众之所急,替政府分忧解难,热情服务社会,真诚造福一方。例如开展汶川大地震、玉树大地震、南方冻雨中的遇难者进行专门法事祈祷活动悼念,并号召宗教教职人员捐款捐物和积极参与春秋义务植树等公益活动。为弱势群体和孤寡老人排忧解难,先后为当地20多名困难家庭和困难大学生捐款捐物。为群众的红白事无偿服务,深得广大群众一致好评。

总之,在民族宗教工作部门的领导和宗教政策的指导下,在教职人员和信教群众的共同努力下,乌审召庙在创建活动中取得了一定的成绩,今后将进一步促进宗教与社会主义社会相适应,为社会和谐再建新功。

二、陶日木庙

陶日木庙,坐落在内蒙古自治区鄂尔多斯市乌审旗苏木陶尔庙嘎查陶日木庙湖西畔,因此被人们称为陶日木庙。占地面积28公顷,建筑机构分为殿堂寺庙和活佛院,其占地面积分别为3792平方米和2609平方米,寺庙内大经堂、时轮经堂、护法大殿、吉祥天母殿、活佛院、僧舍等庙宇共77间,大小佛塔共21座,现有喇嘛40余名,是萨如努图、呼和芒哈、通史、巴音温都尔、达布察克等周围地区广大农牧民的主要宗教活动场所,信教群众近1万人,每年大型法式活动10次以上。1988年,陶日木庙被批为全旗宗教活动场所之后,恢复了所有法事活动,成为全旗著名的藏传佛教圣地和历史文化遗址。陶日木庙是自治区级宗教事务先进集体、文明单位、爱国主义教育示范基地以及民族文化传承保护基地,也是市级宗教事务先进集体。在市、旗民族宗教事务部门的关心指导下,高举爱国主义旗帜,拥护中国共产党的领导和社会主义制度,大力弘扬爱国爱教

2017年3月陶日木庙被国家民委评为中国少数民族特色村寨

第四章 民族团结典型引领

陶日木庙景观大门

的优良传统,努力与社会主义社会相适应,维护祖国统一、民族团结和社会稳定,为绿色乌审全面建成较高质量小康社会做出新的更大贡献。

陶日木庙过去的宗教活动场所比较狭窄,周边环境较差,无法满足广大信教群众的信仰需要。为切实改变寺庙宗教活动场所自身条件和广大信教群众信仰环境,树立良好形象,2001年至2013年间,在上级党委、政府的关心指导和广大信众的大力支持下,进行了第三次大规模修复。而今的陶日木庙殿宇轩昂,结构严整,交相辉映,气势壮观。制定了培训制度,现由管委会统一组织,革新原来的一师一徒教学模

式,成立了18名学生组成的集体学习班,由时轮金刚首席喇嘛朝德日扎木素担任授课老师讲授时轮金刚、显宗经、明照佛经及各种祭祀习俗,不断提高喇嘛自身素质。寺庙实现了无线网覆盖、自来水、取暖统一采用电暖供应以及具备了完整的现代办公设备和体育娱乐场所等。同时硬化、美化、绿化周边环境,使寺庙成为休闲度假和学习的中心。目前,陶日木庙已建设成为硬件设施齐全,功能完善、环境优美的花园式佛教圣地。

乌审旗在创建民族团结进步示范旗的过程中,坚持典型引领、示范带动、以点带面、整体推进的原则,不断扩大民族团结创建活动的参与范围,突出干部、青少年、知识分子、农牧民和宗教界人士等群体,扎实推进创建活动进机关、进企业、进社区、进乡镇、进学校、进宗教场所。使点上开花、面上结果的创建工作效益日益显现,各行各业涌现出了许许多多民族团结进步的先进人物、模范集体和示范单位,他们是民族团结的样板。

第五章
民族团结先进事迹

自改革开放以来,乌审旗各族人民在党的领导下,将开展民族团结进步创建活动融入经济社会发展各项事业中,各族人民在守望相助中共同团结奋斗、共同繁荣发展,在理解包容中凝聚起"中华民族一家亲、同心共筑中国梦"的强大力量,共同缔造了今天的绿色乌审。今天的乌审旗,地区生产总值完成 360 亿元以上,公共财政收入完成 16.3 亿元,城乡常住居民人均可支配收入分别达 41582 元和 16709 元,位列全国县域经济百强第 75 位、西部百强县第 7 位。先后荣膺"中国绿色名县""中国全面小康生态文明县市""ISO14001 环境管理体系国内国际双认证""首家中国人居环境示范城镇""国家卫生县城""全国生态文明标杆旗""国家生态保护与建设示范区""国家园林县城"等称号。

绿色乌审旗今天的成就是世世代代生活在这里的各族人民和睦相处、和衷共济、和谐发展,守望相助的成果,更是改革开放以来在各行各业涌现出的"我将无我、不负人民"的无私奉献者的贡献,他们是民族团结进步事业的继承者、推动者和实践者,他们的汗水和足迹遍布乌审旗的各个角落,他们的感人事迹将被代代传唱,他们忘我的奉献精神也将成为这块土地上的宝贵精神财富被代代传承,去激励和鼓舞更多的人投入到民族团结进步的伟大事业中去,激励和鼓舞更多的人去谱写波澜壮阔的中华民族进步的历史,激励和鼓舞更多的人立志去改变少数民族的面貌、民族地区的面貌、民族关系的面貌、中华民族的面貌。

团结崛起的乌审

民族团结的"领头雁"
——记全国民族团结进步模范达布希拉图

达布希拉图与共和国同龄,是土生土长的乌审旗蒙古人,出生地是现在鄂尔多斯市乌审旗苏力德苏木呼和芒和嘎查。父亲布音德力格尔,母亲布日乐吉是典型的蒙古族牧民。

达布希拉图(拍摄于 2019 年家中)

1960年,10岁的达布希拉图走出家乡,到嘎鲁图镇,在乌审旗第一完全小学开始读书生涯,1963年9月至1968年8月在呼和浩特市内蒙古师范学院附属中学读初高中。学习期间,好学上进、品学兼优,深受老师、同学喜欢。1968年8月高中毕业后,响应伟大领袖毛主席"知识青年到农村去插队落户"的号召,从呼和浩特市直接到哲里木盟科尔沁右翼中旗团结大队插队务农,1969年3月,返回伊克昭盟乌审旗老家继续进行劳动锻炼。1971年6月开始在乌审旗陶利学校任教至1973年9月。1973年9月,经贫下中农推荐,乌审旗革命委员会批准,到内蒙古蒙古语专科学校读大专,比较系统地学习了蒙古语文。1975年9月大专毕业后,被分配到伊克昭盟行政公署,在翻译科从事蒙汉文翻译工作。1983年9月至1985年9月,在内蒙古农牧学院深造学习,认真学习了党的农牧业理论与政策,农牧业科学知识,农牧业管理知识等。1985年10月至1988年8月,担任伊克昭盟行政公署法制科科长职务,为领导机关及领导提供有关法律法规依据的服务。1988年9月至1990年6月,担任伊克昭盟行政公署知青办公室主任职务,处理知识青年上山下乡方面遗留事宜。1991年3月至1995年9月,担任伊克昭盟行政公署副秘书长职务,主要为分管盟长提供相关政策、法规、事实依据等服务。

一、开启服务家乡第一课

1995年9月,伊克昭盟盟委任命达布希拉图为乌审旗委副书记、旗长。回家乡担任"父母官",这本身就是一种考验、一种历练。走马上任的新官没有急于涉及官场琐事,而是逐乡逐村深入家家户户,同老乡聊贫困原因,问乡村干部致富出路,请专业部门拿发展规划,座谈会上畅所欲言,交流场合不拘一格,三个多月的调查研究,基本摸清了乌审旗的家底,根据当时国家政策、自治区要求、盟里部署,向旗委提出了关于乌审旗发展的有关思路建议。

团结崛起的乌审

乌审旗的面积为1.1万多平方千米,东西宽100多千米,南北长近200千米,三分之一是牧区,三分之一是农区,还有三分之一是半农半牧区,是个典型的老少边穷地区。蒙古族人口占三分之一,汉族人口占三分之二,牧区生产生活好于农区,农区好于半农半牧区。影响农村牧区生产生活水平提高的客观原因主要在于交通不便、电力不通和沙化严重;主观原因在于政策支持力度不够、农牧民因循守旧不敢创新、干部工作形式主义严重等。

建议首先解决交通不便的问题,跑上级,找领导,争项目,入规划,为此经常在盟里各机关"拉关系",说好话;在自治区厅局机关"上班",搞协调;在北京部委大楼进进出出,要指标。

建议抓紧解决电力供应不够的问题,这与跑道路建设几乎是同步运作的。

建议做实"三北防护林"工程建设问题,同样,从盟里、自治区到国家有关部委,一路跑来,立项目、批指标、做科研、搞规划,直到项目落地变成现实,没个二三十趟,不盖个几十个公章是不行的,那个年代,计划经济就时兴这个。

"现在改革了,真是太好了,'只跑一次'。"说到这里时,老领导对着采访他的我,感慨万千。

二、完成建设家乡第二步

1997年6月,伊克昭盟盟委任命达布希拉图担任乌审旗委书记职务。

两年多旗长工作岗位上的历练,达布希拉图同志在书记工作岗位上得心应手、如履平地。

第一,全力解决道路交通不畅问题。两年内实现了旗政府到各乡苏木镇的道路交通通畅,80%多村嘎查实现了砂石道路通畅。道路通畅带来了人流、物流、信息流的便捷,为搞活经济带来了极大的便利。

第二，全力解决电力供应不够问题。不到两年时间，全旗农网改造完成，基本实现村嘎查通动力电的要求，不仅基本解决生活用电，更重要的是较好地解决了农村牧区生产用电问题，为农牧业经济发展发挥了助推作用。

第三，全力解决"三北防护林"工程问题。毛乌素沙地里长大的达布希拉图，深知治沙种草种树对农牧民生产生活的伟大意义，在他亲自带领下，乌审旗各级干部为"三北防护林"工程建设，可谓鞠躬尽瘁，呕心沥血，沙里沙外腿都跑成"罗圈腿"了，旗里旗外嘴都磨退几层皮了，只会说"梁外话"的乌审旗人，也学会讲一口北京普通话了。这确实印证了那句古训：世上无难事，只怕有心人。

第四，全力解决工业化问题。农牧民致富得到基本解决的同时，达布希拉图书记立足乌审旗实际情况，率领旗委、政府一班人在天然气上做起大文章，跑北京、跑西安，找部委、找长庆，搞规划、立项目，通过招商引资将长庆油田引到乌审旗，从勘探到开钻，从试产到投产，不到3年时间，乌审旗作为我国旗县级单位第一个进入生活上全面使用天然气时代，达布希拉图书记提出的"蓝天白云绵手"工程得以实现。这里，特别需要说明的是从此开启了鄂尔多斯天然气供应呼和浩特市、包头市、北京市、天津市的"西气东输"工程。

第五，全力发扬民族团结的好传统。乌审旗地处内蒙古与陕西省毗连地区，游牧文化与农耕文明交往多年，蒙古族与汉族交流交融已达到相当程度，相互间通婚现象也成为家常便饭，平等团结互助和谐的社会主义民族关系已经深入人心，如何在新的历史时期更好地凝聚起民族团结的磅礴之力，达布希拉图书记要求旗委、政府一班人要始终坚持党的民族团结政策，讲好马克思主义民族理论，带头践行民族区域自治政策，发挥民族团结模范示范作用；要求各级党政机关、各族党员干部身先士卒，工作方面多从民族团结进步着力，生活中间时刻

团结崛起的乌审

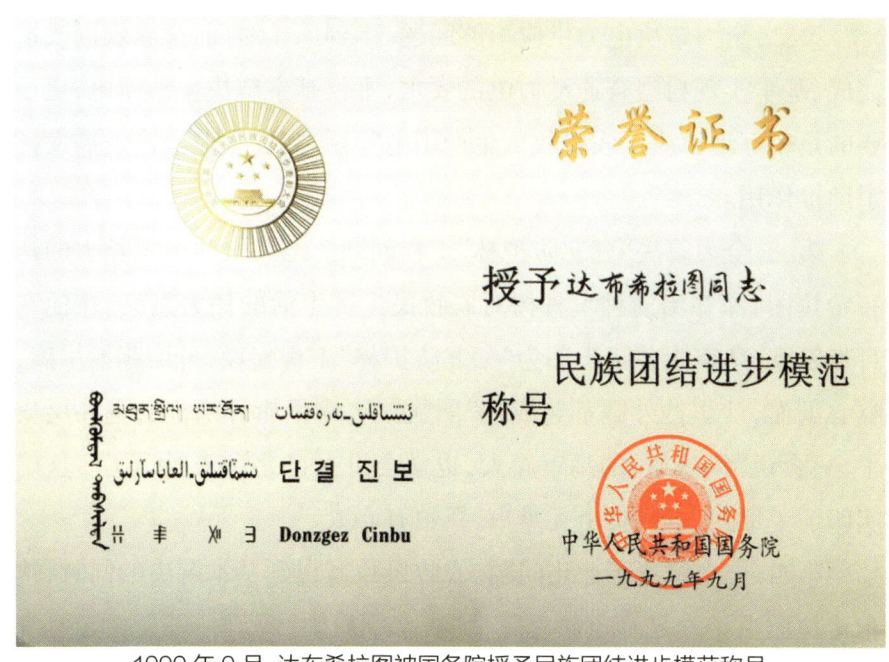

1999年9月,达布希拉图被国务院授予民族团结进步模范称号

铭记"三个谁也离不开谁"的理念,争做民族团结模范;特别需要指出的是从他担任书记那届旗委开始,要求各机关干部每周学习一句蒙古族语言,各族干部群众之间要经常学习交流各自的风俗习惯。这些要求看起来很平常很一般的事情,但在不经意之间促进了各族干部群众的交往交流交融,从而进一步融洽了各民族之间的友好关系。

三、成为民族团结"领头雁"

达布希拉图同志热爱家乡、建设家乡,带领家乡各族人民群众坚定走中国特色社会主义道路,农牧民发家致富的故事远近闻名,天然气造福老百姓的事例时常成为新闻,道路四通八达带来货物东西南北交往,沙漠变绿洲成为毛乌素治沙奇迹,辛勤的努力,平凡的工作,换来了各族人民群众的称赞,也得到了上级党组织的褒奖。1999年9月,中华人民共和国国务院授予达布希拉图同志全国"民族团结进步模范"称号。

2000年10月,伊克昭盟委调达布希拉图任盟委副秘书长职务,2001年9月起,达布希拉图担任鄂尔多斯市第一届人大常委会委员、常务委员、副主任等职。2001年9月,在中国共产党鄂尔多斯市委员会第一届代表大会上,达布希拉图当选为中共鄂尔多斯市委委员。2006年,达布希拉图担任鄂尔多斯市人大常委会调研员。2009年,达布希拉图同志退休。

我们在采访达布希拉图同志全过程中,他朴实的作风和淳厚的态度给人留下深刻印象。历史是人民造就的,历史是人民写成的。我们深信,古老神奇的乌审草原上,正是有过许许多多像达布希拉图一样的同志在为人民服务的路上,一茬又一茬地进行着忘我的接力赛,一个又一个人间奇迹不经意间就写在了历史丰碑之上。

民族团结教育的火炬手

——记2019年全国民族团结进步模范王金才

2019年,王金才被授予全国民族团结先进个人

春日里的嘎鲁图柳丝和风随摆,杏桃争芳斗艳,街道上车水马龙,人来人往,着实就是一座祥和宁静的草原小镇。

我们的目的地是乌审旗第三实验小学,任务是全面了解王金才校长是如何带领全校师生"铸就民族团结情,绽放民族和谐花"的先进事迹。

一、校园充满团结情

乌审旗第三实验小学坐落在少数民族聚居的嘎鲁图镇,是一所汉语文授课的完全小学,筹建于 2012 年,2014 年 9 月在第二实验小学旧址开始招生,2016 年 9 月迁入新校区,学校占地面积 49210 平方米,现有 6 个教学年级,40 个教学班,在校学生 2002 名,教职工 135 人,其中少数民族教师 21 人,少数民族学生 101 人,包含蒙古族、维吾尔族、壮族、满族、回族等 9 个民族。

学校坐落在少数民族群众生活的小城之中,民族文化无时无刻不在感染着周围所有的人,学校中又有少数民族老师和学生,各民族的交往交流交融就成为非常现实的事情。如何面对这种各民族成员之间客观存在的相互关系就成为衡量校领导政治领导力的一个现实问题。

乌审旗第三实验小学校长王金才,土生土长的乌审旗人,与当地蒙古族群众有着天然联系,不仅熟悉蒙古人的生活方式,也熟悉他们的生产方式,可以说是一个有文化的"蒙古通"。在他看来,每一个生活在蒙古民族地区的汉族同胞都应该或多或少学习掌握一些蒙古族语言文化、风俗习惯。这样,既符合国家大政方针,又便利于生产生活,是个一举多得的好事情。

正因为王金才有这样的民族理论知识水平,在他的带动下,乌审旗第三实验小学校领导一班人牢固树立"三个离不开"思想,将民族团结工作列入学校工作的重要议事日程,校名、校风、校训、班牌及社会主义核心价值观等重要标语均使用蒙汉两种文字并用,特别是学校主楼上用醒目的大字写着"民族团结是各族人民的生命线"和"民族团结教育要从娃娃抓起",使民族团结教育更加贴近师生、贴近学校生活,让师生在潜移默化中受到熏陶和教育。

校园生活中,有关民族团结方面值得点赞的还有相对固定的"民族团结专栏"和每天都有节目播出的校园广播。

教育实践告诉人们,小学生活泼好动,可塑性极强,是学习语言最好的阶段,乌审旗第三实验小学能够在如此黄金般的时刻将民族团结教育从娃娃抓起,真是一件了不

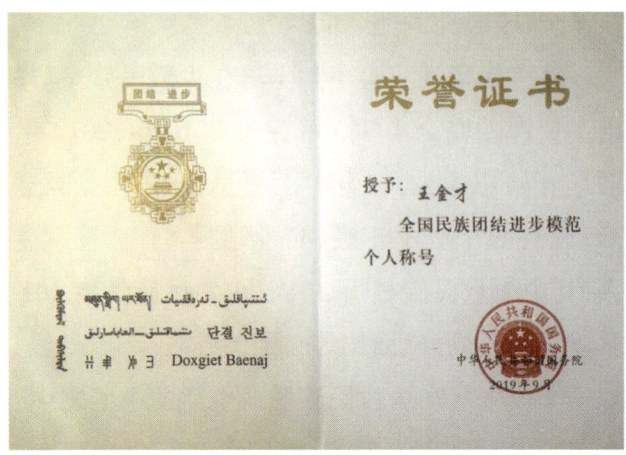

2019年,国务院授予王金才同志的荣誉证书

起的壮举,而启动这项功在当代利在千秋事业的火炬手,正是内蒙古自治区民族团结进步模范个人——王金才。

二、语言交流暖人心

语言是人们之间交往交流交融最重要的桥梁、纽带,同时语言的交流也是各民族、各族群众之间增加了解、相互帮助、增加共识的基石。"民族团结教育要从娃娃抓起,我们要重视语言,语言通了,是民族团结融合的基础。"我们拜访王金才校长时他如此强调。乌审旗是一个少数民族聚居的地区,蒙古、回、满等16个少数民族约占总人口的30%。长期在少数民族地区从事教育工作的王金才校长,在充分调研、征求意见的基础上召开校领导班子和家长代表会议,决定开设蒙古语口语交际及歌曲特色课,并将其纳入了校本课程,在一、二年级开设蒙古语口语交际及歌曲特色课,三年级以上学生中开展蒙古语口语交际兴趣课,为了使该课程更加系统、实用,并配备蒙汉兼通的专任教师乌云娜老师组织编写了蒙古语口语交际及歌曲校本教材。一、二年级教材中共有200个单词、160个句子和8首歌曲,蒙古语教材现已经出到第三版。经过几年的教学,效果显著,得到了家长和社会各界的一致好评。2017年2月,新华社内蒙古分社社长李仁虎一行到三小调研时深入蒙古语课堂,给予了高度评价与肯定。同时也多次接受了内蒙古电视台、鄂尔多斯市电视台以及乌审旗电视台的采访。看到好评如潮,授课的乌云娜老师更是受到了极大的鼓舞,"首先特别感谢各界领导和校领导,在汉族学校教蒙古语,作为学校的蒙古语老师,我感到特别的高兴与自豪,我会继续努力,不忘初心,认真上好每堂课"。

调研中,我们遇到了乌审旗第三实验小学三年级(2)班边乐圆的妈妈刘红红,她高兴地对我们说:"现在,我们的孩子已经会说简单的'吃饭、喝水'等日常蒙古语,会用蒙古语从1数到10!我认为在我们这个民族地区,多会一种语言,就多一种方便、多一种更好的交流工具。"

三、方法朴实夯基石

十年树木,百年树人。娃娃是祖国的未来,更是民族的希望。教育是渗透血液、透入灵魂的事业,开展民族团结教育就应该从娃娃抓起。乌审旗第三实验小学从娃娃抓起的民族团结教育不是简单靠一种形式,而是不断改进教学方法,灵活教育形式,使孩子们在潜移默化中接受教育。这样才能使学校民族团结教育具有长期的生命力,并取得实效。因此,王校长结合三小的实际,利用国旗下讲话、少先队活动,宣传板报、知识竞赛,开展民族团结教育报告会、座谈会,组织全体教职工和学生学习有关法律法规和党的民族宗教政策等多种形式和方法,对全校师生进行深入宣传"民族团结教育"。同时,为扎实有效地开展好民族团结教育工作,王金才校长还带领教职工成立了民族团结教育活动领导小组,由校长任组长,副校长具体负责,进一步建立和完善了工作责任制度,确保了学校民族团结教育工作指挥有力,全员参与,责任到人,为学校深入开展民族团结教育工作提供了首要和必备的条件。

王金才校长认识到民族团结教育从娃娃抓起需要学校努力,但也

绝对离不开家庭和社会的大环境。只有把这些有机因素都结合起来才能真正形成良好的氛围,才能使民族团结在坚持中深入,在巩固中提高。因此,他还做了大量的延伸、继续工作。乌审旗第三实验小学与乌审旗蒙古族实验小学和蒙古族幼儿园建立民族团结"手拉手"学校,通过共建活动和交流,使学生在实践活动中提高蒙古语口语交际能力,了解蒙古民族风俗习惯、风土人情,以营造浓厚的环境氛围,有力推动了学校民族团结教育工作向纵深开展。

四、榜样引领力无穷

王金才从教28年,由普通教师到校长岗位的变换,可谓历尽艰辛,不辞劳苦,称得上一位受人尊敬的人民教师。

王金才虽然是校领导,但他从未离开过讲台。同时,他还主动兼任了学校的书法教学,每周定期对教师进行毛笔、硬笔(粉笔、钢笔)字培训,经过长期指导、示范,老师们的书写水平大有进步,也彰显出了学校的书法特色,做到了书法教学进课堂。课余时间,他定期或不定期征求师生意见,深入课堂,每学年最少听110节课,参与评课不少于50次,督促教师们及时总结课堂教学经验,提高了教职工的工作积极性与主动性,同时也为教研工作奠定了扎实的基础。他指导数学教师18名,获旗级、市级、自治区级、国家级不同等次的奖励。所任职过的学校每年督导评估普检考试成绩名列前茅,年终督导评估取得年年第一的好成绩,学校先后荣获"市级语言文字规范化示范校""市级先进集体""自治区绿色学校""全国少先大队""国家语言文字示范校"等称号。现承担旗级四所小学校际联盟负责人。

在对教师"人性化"管理中,王金才校长从不以权压人,而是以德服人、以情感人,他的"情感+制度+特色"的管理模式赢得了广大师生和家长的信任和好评。他把教职工的情绪作为工作的第一信号,把教职工的成就和荣誉作为工作的第一动力,把教职工的满意程度作为工作的出发点和归宿点。由于教职工中年轻人较多,作为青年人的领头人,王金才校长时时处处事事爱护、关心他们,注重对年轻人的培养、锻炼。如今,在他的精心培养和指导下,学校青年教师取得了可喜的成绩,在各级各类赛课中也获得了各类殊荣。培养的教师曾获旗级学科带头人2人、市级学科带头人5人、市级教学能手8人。

高尚的思想政治之花,必将结出丰硕的教育成果。王金才校长先后被评为"市级优秀教师"、"鄂尔多斯首届十佳校长"、"自治区优秀教师"、"自治区民族团结先进个人"、全国"百名优秀小学校长"等荣誉称号,学校也先后被评为"全旗教育系统民族团结进步先进集体""全市教育系统民族团结先进集体"等荣誉称号。

五、经验与启迪

铸牢中华民族共同体意识是以习近平同志为核心的党中央关于我国民族政策的核心要义,民族团结是各族人民的生命线,民族区域自治是解决我国民族问题的唯一正确道路。习近平总书记指出,我国是统一多民族国家,各民族多元一体,是老祖宗留给我们的一笔重要财富,也是我们国家的重要优势。民族工作关乎大局。要高举各民族大团结的旗帜,在各民族中牢固树立国家意识、公民意识、中华民族共同体意识,最大限度团结依靠各族群众,使每个民族、每个公民都为实现中华民族伟大复兴的中国梦贡献力量,共享祖国繁荣发展的成果。各民族要相互了解、相互尊重、相互包容、相互欣赏、相互学习、相互帮助,像石榴籽那样紧紧抱在一起。大家要行动起来,一起做交流、培养、融洽感情的工作,努力创造各族群众共居、共学、共事、共乐的社会条件,增强各族群众对伟大祖国、中华民族、中华文化、中国共产党、中国特色社会主义的认同,向着伟大理想去奋斗。青少年是祖国的未来,民族团结的希望最终在他们身上,要针对大中小学的不同特点,有侧重地开展创建活动,增强针对性和感染力。人生第一课很重要,"钉

子弯了就很难再弄直",从教育启蒙时,就要把爱我中华的种子埋入每个孩子的心灵深处,让中华民族意识在祖国下一代的心田生根发芽。

王金才所领导的乌审旗第三实验小学,学生们通过语言学习与交流,从小就在心灵深处种下了我们都是伟大祖国花朵的信念,尽管语言有差别,但都是中华民族的子孙,我们应该牢固树立"五个认同",我们应该共同团结奋斗、共同繁荣发展。

具体而言,乌审旗第三实验小学可以复制的经验至少有这样几点:一是民族地区所有学校都是祖国大花园中的一朵亮丽的鲜花,要让鲜花更加亮丽,就必须牢固树立"民族团结教育要从娃娃抓起"的理念,要创造出具体工作载体,不能用会议落实指示,更不能用形式主义敷衍塞责。二是民族团结教育完全可以从娃娃做起,而且完全可以做好,乌审旗第三实验小学就是极好的例证。三是要敢于创新,勇于突破,要敢于走别人不敢走的路子,王金才的实践为人们蹚出了一条民族团结教育之路径。四是全社会都要重视民族团结教育工作,王金才的成功实践离不开地方党委的大力支持,离不开地方政府的经费支持,离不开社会各界的鼎力相助。

乌审旗第三实验小学正如初升的太阳一样朝气蓬勃;王金才的事业也像正午的太阳红红火火。我们真心期盼王金才这位民族团结教育的火炬手一路前行,为民族团结进步事业做出新的更大的贡献。

第五章　民族团结先进事迹

草原额吉　时代楷模　中国好人

——记 1983 年内蒙古自治区民族团结先进个人阿拉腾

阿拉腾（拍摄于 2011 年）

阿拉腾（曾用名：阿拉腾苏都），女，蒙古族，1940 年 4 月出生，中共党员，蒙西医主任医师，当选为乌审旗人民代表、政协委员、党代会代表、旗委候补委员、妇代会代表，先后担任乌审旗计划生育委员会主任、乌审旗妇幼保健所所长等职务。获得卫生部全国卫生文明建设先进工作者、从事妇幼保健工作 30 年成绩突出者、全旗优秀科技人员奖等殊荣，入围中国好人榜。

阿拉腾同志现年近 80 岁高龄，而从事妇幼医疗保健事业已有 60 个年头，能把蒙汉各族群众医治疾病当作自己的终身追求，在乌审旗这片 1.16 万平方千米的土地上她留下了不辞劳苦的足迹和身影。阿拉腾苏都这个名字在乌审旗乃至周边地区无人不知、无人不晓，蒙汉各族群众尊敬地称呼她为"草原额吉"

（汉语意为草原母亲），已成为乌审草原上坚守妇幼保健事业的一段佳话。60多年来，她为30多万人次出诊，诊断符合率98%以上，成功抢救了孕产妇、新生儿危重病人316例，计划生育四项手术10000多人次，接生2800多人次，妊娠胎位不正、外倒转术成功300例。

阿拉腾于1996年光荣退休，退休后为方便更多的群众就医，曾办过个人诊所，2010年被乌审旗博仁医院特聘为首席坐诊专家。用她自己的话说，这60多年的妇幼医疗保健工作对她来说是很艰难的，有风险的，但60多年来，她无怨无悔、默默无闻地奉献着、坚持着，给蒙汉各族群众医治了疾病、带来了幸福。她从医60多年来未发生过一起医疗过错和医患纠纷，是一位名副其实的妇幼卫生工作骨干和标兵，更是一位蒙汉各族群众非常敬重的名医和老干部，成为乌审旗卫生战线上的一面旗帜，1982年在全国妇幼保健工作先进经验交流大会上阿拉腾同志作为内蒙古唯一的代表在大会上做了《牧区如何开展妇幼保健经验介绍》的发言，在中南海受到中央领导万里、薄一波同志的亲切接见。在核心期刊曾发表过《对心理智力测验的探讨及小儿智能发育筛查》《牧区儿童心理发展的家庭教育》等论文。2010年，阿拉腾为了给更多的妇女儿童提供医疗保健服务，受乌审旗博仁医院再三邀请，她被聘请到乌审旗博仁医院妇产科工作至今，是该院首席坐诊专家。

今年，80岁的她仍然继续为妇女儿童事业奉献着光和热！她在博仁医院工作从不计较个人得失，默默地在自己的岗位勤劳付出，没有豪言壮语，心中始终装着病人，视病人安危高于一切，她用自己的实际行动默默地践行着"一切为了妇女儿童健康"的神圣诺言。2016年10月27日在博仁医院彩超她被查出左侧乳腺恶性肿瘤可能，医生建议让她赶紧做手术治疗，她自己也判断腋下淋巴转移可能是中晚期癌症，但是心里依然挂念着病人，全然不顾自己是一位危重病人，继续坚持在自己工作岗位上工作十几天，其间，查看妇科疾病100多例。她的先进事迹已编入《辉煌的八五》《当代新闻人物录》《中国名医名术大典》等大型文献中。

　　为编写此书,我们专门电话采访了阿拉腾老人,当时老人家正在呼和浩特市住院治疗,在病榻上的老人家热情地接受了我们的采访,得知我们编写此书的目的后,耐心地向我们讲述了自己无私奉献和充满荣耀的一生,她的一生没有豪言壮语,心中永远装着病人,视病人安危高于一切,阿拉腾医生用自己的实际行动,默默地向我们诉说一名共产党员是如何用一生的奉献践行"不忘初心、牢记使命",她的奉献精神将是一笔宝贵的精神财富,滋养着一代又一代草原儿女为建设祖国北疆亮丽风景线而奋斗不息。

团结崛起的乌审

金陵儿女　草原巾帼

——记1983年内蒙古自治区民族团结先进个人沈阳春

知青,是20世纪60年代末的产物,一个深深的时代烙印,是与共和国几乎同龄的一个群体的特殊称呼。1968年10月21日,为了响应毛主席"知识青年到农村去,接受贫下中农的再教育,很有必要"的伟大号召,全国各地成千上万的老三届(指1966～1968年初、高中各三届毕业生)学生青年,告别大城市优越的生活和学习条件,告别养育他们的父母和亲人,毅然决然地背井离乡,奔赴到祖国最需要的农村牧区去锻炼,在最偏远、最艰苦的地方去体现自己的人生价值。他们克服了常人难以忍受的重重困难和恐惧心理,流血流汗又流泪,战天斗地,顽强拼搏,在社会这个大熔炉里锤炼自己,谱写了一曲曲动人的凯歌。

在那个物质短缺、知识匮乏的年代,是知青们给农村牧区带来了先进的知识、理念和技术。虽然他们当时最小的才十四五岁,最大的也不过十八九岁,但他们都接受过正规的思想文化教育,有着扎实的知识功底,有许多还出生在名门望族和书香门第,有着丰富的知识底蕴和文化教养。如果不是上山下乡他们大都会考上一流高中或名牌大学去深造,拥有更多的知识,发挥更大的作用。可就是这些乳臭未干、稚气未脱,本该在父母怀里撒娇的学生娃,到了农村牧区各个都成了宝贝。没有教师他们上,没有医生他们顶,农具坏了他们修。是他们在紧缺的医生、教师、技术员等重要的岗位上,和农牧民们一道生产生活、挥洒汗水、奉献青春,做出了卓越贡献。许许多多的村民和牧民都是他们的受益者,他们说:如果不是南京知青,他们就不可能上汉语班,进而来旗里上学;如果不是知青给他们打针吃药,他们的病就不会

三位留守知青,左一为沈阳春(拍摄于2018年)

好得那么快;如果不是知青,他们新买回的农具就没人会使用,如果……

知青们在农村少则三年,多则十几年,甚至有的人将一生奉献在了乌审旗。为农村牧区的生产建设奉献出自己人生中最为宝贵的青春年华。那一桩桩、一件件可歌可泣的动人故事,在鄂尔多斯大地上整整传唱了五十载,他们的丰功伟绩将永远铭记在草原人民的心中!

有这样一些知青,来了就再也没有回到他们的出生地,而是永远地留在草原上扎根落户成家立业,成了地地道道的"本地人",人们叫他们"留守知青"。沈阳春老师就是他们当中的典型代表。她拿着一张初中毕业文凭愣是在教育战线上打拼了一辈子,奉献了自己全部的聪明才智,最后光荣退休。

团结崛起的乌审

当年沈老师在牧区下乡时,为了让牧区的孩子有学可上,她一心扑在教学上,把工作干得很出色,却耽误了自己多次上学深造的机会。不是她考不上,也不是政治问题,而是牧民们舍不得她走,因为她离开后许多课就没法开了,孩子们离不开她。心软的她发誓:再也不走了,就拿着这个初中毕业的本本教娃娃!小学、初中、高中,一届又一届,桃李满天下。由于成绩突出,最后她被提升为乌审旗教育局人事科长、副局长,为乌审旗的教育事业贡献了毕生精力。直到现在,沈老师对她当初的选择毫不后悔,她说:草原人民对我不薄,给了我很多,我为他们所做的一切都很值得!知青岁月,苦乐年华,无怨无悔。

沈阳春,1950年生于南京市,高中文化,中共党员,1968年她以一名知青身份来到乌审旗,1990年任乌审旗妇联第九届执委会常委,后任教育局人秘股长。

沈阳春于1971年开始从事教育工作,当时,为了启发学生思维,开发学生的智力,刻苦钻研,认真摸索教学新路子,使自身知识素质和教学艺术得到了不断提高和完善。1982年她被调到教育局从事人秘工作,职业虽然改变,但沈阳春的职业精神未变,为对全旗教职工队伍建设状况有全面的了解,她查资料、翻档案,不到两年时间,对全旗90%以上的教职工的基本情况记得一清二楚,工作做到了有条不紊,受到领导的表扬和群众的好评。

沈阳春同志不仅热衷于教育事业,而且在民族团结中也做出了积极的贡献,20多年来,她从秦淮河畔来到毛乌素沙海,组建了一个蒙汉和睦之家,学会了一口流利的蒙古语,并把自己满腔的爱奉献给了这个第二故乡草原,1983年她被自治区、盟、旗三级政府授予"民族团结先进个人",1985年被评为全旗"三八"红旗手,1987年再次被旗政府授予"民族团结先进个人"。

第五章　民族团结先进事迹

战斗在草原的白衣战士
——记1990年内蒙古自治区民族团结先进个人王兴成

内蒙古自治区民族团结先进个人王兴成（拍摄于2018年）

王兴成，男，1951年9月出生，准格尔旗中心医院退休干部，大学学历，中共党员，主治医师，1972年至1975年在包头医学院医疗系学习，1993年之前工作于乌审旗。

他的人生格言：医务人员是救死扶伤、实行革命人道主义的白衣战士，因而应以奉献为光荣，以求实为根本。

20多年来，他工作勤勤恳恳，兢兢业业，急病人之所急，想病人之所想，时时处处以党员的标准严格要求自己。始终战斗在工作第一线，履行了一个共产党员应尽的义务，为发展少数民族地区的医疗保健事业做出了突出的贡献。历年来，先后15次被旗、盟、自治区评为民族团结先进个人、优秀共产党员、优秀科技人员、优秀服务员、卫生先进等光荣称号，并获证书。

在业务技术方面，王兴成同志通过刻苦自学和外出进修深造，具有扎实的医学专业基础理论和丰富的临床实践经验，具有指导下级医师处理急、危、重、疑难病症的能力，尤其对神经内科、心血管疾病、重症肺炎、心力衰竭、呼吸衰竭、肾功能衰竭、感染性休克等疾病有着较深入的研究。

20余年来，他的足迹踏遍了乌审旗的山山水水，深入苏木累计为农牧民义诊近万人，成功地抢救了400多名危重病人，使得许多生命垂危的患者转危为安，重新走上工作岗位，1987年，乌审旗三个苏木发生流脑大流行，他带领医院的急救小组采取了行之有效的措施，以过硬的专业技术和丰富的临床实践经验，经过一个月的全力抢救，近百名患者全部康复，无一例发生后遗症，由于他在医疗卫生事业的杰出贡献，他两次被乌审旗科委评为优秀科技人员，并被旗政府记大功1次。

王兴成同志20余年如一日，治学严谨，对专业技术精益求精，能理论联系实际，他不断地吸取国内外最新成果并应用于临床实践。他既注重实践，又善于总结经验，近年来，先后有6篇论文在《内蒙古医学杂志》上发表或在有关学术会议上得到交流。

第五章　民族团结先进事迹

留守知青　草原巾帼

——记 1997 年内蒙古自治区民族团结先进个人马顺英

自治区民族团结先进个人马顺英

马顺英,女,回族,中共党员,乌审旗第一实验小学退休教师,1968 年 10 月至 1971 年 8 月南京赴内蒙古乌审旗牧区插队,1971 年 10 月至 2002 年 4 月一直从事教育工作。1989 年被评为全旗优秀少先队辅导员和乌审旗"三八"红旗手,1990 年被评为乌审旗优秀共产党员,1991 年被评为教改先进个人及旗级教学能手,同年被评为盟级优秀教师,1992 年被评为全盟"三八"红旗手,1994 年被评为盟级优秀辅导员,1995 年撰写的电教论文被评为三等奖,1996 年在全盟首届电化教学优质课评选中获二等奖,同年撰写的论文被评为全盟电化教育优秀论文二等奖,1997 年分别被评为旗级、盟级、区级民族团结先进个人,1998 年被评为优秀班主任。

马顺英同志为南京知青,1968 年 10 月积极响应毛主席上山下乡

团结崛起的乌审

支援边疆的号召,来到内蒙古乌审旗牧区插队落户。三年与牧民同吃同住同劳动,学会了放羊、剪羊毛、种地、改造沙漠荒地等艰苦工作。这些都是她在南京时想都不曾想过的事情,也从此开始人生中多姿多彩的历程,与神奇的鄂尔多斯结下了一辈子的不解之缘。

为了加强农村牧区的基础教育,1971年她来到纳林河公社牧区小学。这里居住的蒙汉族群众大多数是逃荒流浪

马顺英在自治区50周年时荣获的奖章

来到这里,为了提高儿童升学率,不让一个适龄儿童失学,马顺英一次次走进牧民家里苦口婆心地给家长做工作,并用自己微薄的工资为困难学生买来书本、铅笔等学习用品。除了课堂教学,她还在业余时间认真做好农牧民的扫盲工作,为了动员妇女参加学习,积极深入田间地头与牧民兄弟姐妹促膝谈心,还参加他们的组织"铁姑娘战斗队",起早贪黑地帮助子女多的家庭种自留地、砍柴。从那以后,参加扫盲工作的牧民逐渐多了起来,扫盲工作收到了初步成效。

1978年由于工作调动,马顺英来到乌审旗第一实验小学任教。教育改革势在必行,在教育改革浪潮的推动下,学校开展了一系列改革措施,"注音识字、提前读写"就是其中一项教学实验,这是我国语文教学的整体改革。连续几年冒着酷暑先后前往北京、哈尔滨、青岛、西安等地参加培训,学习先进地区与先进学校的教学经验,回来后结合本地的实际情况制定具体的教学方案,经过几年的教学实践,取得令人瞩目的成效,是这项改革的丰硕成果。

时光荏苒,岁月交替,转眼间马顺英在教育战线上度过了30个春秋。看到乌审旗教育事业的飞速发展和学校日新月异的变化,真是由

衷地自豪。

博大苍茫的大漠草原,血脉相连的蒙汉情怀,是我们扎根边疆的动力源泉。每每回忆起这段历程总是十分感慨,几十个春夏秋冬,几十年的坎坎坷坷,之所以难以忘怀,是因为最宝贵的青春年华是在这里度过的!

南京!鄂尔多斯!

团结崛起的乌审

畜牧业的致富能手　蒙汉人民的热心朋友
——记2002年内蒙古自治区民族团结先进个人色迪

色迪,出生于1955年3月,是乌审旗苏力德苏木塔拉乌素嘎查的一名牧民。

多年来,色迪同志在畜牧业上取得突出成绩的基础上,又因羊种改良和草饲料种植起到了带头作用而多次受到各级部门的表彰和肯定。色迪同志带领家人贯彻落实我们党的关于农村牧区的路线、方针、政策,并取得了突出的成绩,受到广大牧民的广泛好评。

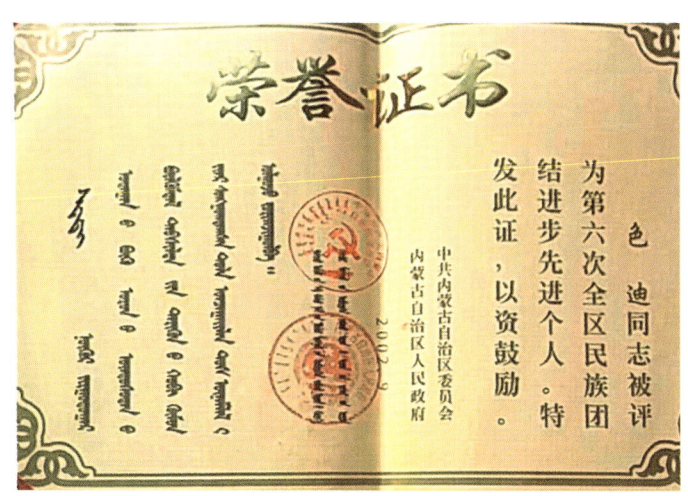

2002年,色迪同志被授予内蒙古自治区民族团结进步先进个人

由于高质量建设草饲料基地,改善基础设施,长期致力于鄂尔多斯细毛羊的改良业,并取得突出的成绩,而成为畜牧业示范户。并且自费从澳大利亚引进细毛羊的优良品种,为其他苏木嘎查的农牧民羊种改良提供了极大的便利。同时,为周边农村的汉族农民提供无偿的羊种改良服务,给他们宣讲关于牲畜各种传染病的防治,并且力所能及地资助贫困农民。

　　色迪同志的慷慨和善举受到蒙汉人民的一致好评,也得到各级党委和政府的肯定。2001年8月被评为乌审旗民族团结模范个人。2001年11月被评为鄂尔多斯市民族团结模范个人。2002年9月被评为内蒙古自治区民族团结模范个人。

民族文化传递员

——记 2012 年内蒙古自治区民族团结进步先进个人其日满拉图

《鄂尔多斯日报》上曾有这样一篇报道：一脸朴实的蒙古族汉子其日满拉图，是乌审旗图克镇图古勒岱嘎查一名普通牧民，为改善牧区科学、法律信息普及相对落后的状况，他于 2009 年在嘎查创办了"牧民俱乐部"。

"牧民俱乐部"创办以来，其日满拉图与乌审旗民族宗教事务局、图克镇、图古勒岱嘎查等相关部门，联合组织开展《呼日呼》朗诵比赛及以民俗礼仪为内容的培训等群众文化活动 30 余次，集体读书活动 120 多次，吸引周边旗区的农牧民兄弟姐妹 1 万多人前来参观学习。"牧民俱乐部"活动内容丰富，形式多样，深受农牧民的喜爱。2012 年，文化部、自治区文化厅的领导到"牧民俱乐部"进行调研，对他的工作给予肯定，《人民日报》《中国文化报》等媒体也对他的先进事迹进行了报道。2010 年，其日满拉图被评为全旗民族工作先进个人；2012 年，他被评为全区草原书屋建设工程先进个人和全区民族团结进步模范个人。

在组织开展群众文化活动过程中，其日满拉图坚持以民族团结为主线，主动学习党的民族政策和民族理论，以讲团结、讲政策、讲法制为根本,自觉维护祖国统一、反对民族分裂,牢固树立"三个离不开"的思想,不断加强与农牧民同胞之间的学习交流,努力增进双方感情,提高了双方的文化水平和综合素质。多年来,他经常骑着摩托车给农牧民登门送报,经常与广大农牧民一起学习党的理论政策,经常与农牧民促膝谈心,了解农牧民所需所想,为农牧民排忧解难,与农牧民成为无话不谈、互相支持、互相帮助的朋友。

几年来,其日满拉图还积极创办《呼日呼之音》报,撰写《图古勒岱志》,给广大农牧民无偿提供以农村牧区普及类出版物为主的兼顾政治、经济、科技、法律、卫生、文艺、文化教育、少儿等多种蒙、汉语报刊,千方百计改善当地农牧民群众的精神生活。

用牧民们的话说,其日满拉图是一个为民族团结进步事业添砖加瓦、全心全意为农牧民服务的"文化传递员"。

团结崛起的乌审

做民族团结进步的基石

——记乌审旗乌审召镇党委副书记、镇长朝鲁巴特尔

朝鲁巴特尔,男,蒙古族,1968年12月出生,乌审旗乌兰陶勒盖镇人,1996年加入中国共产党,1989年7月参加工作,大学学历。1989年7月至2009年4月在乌兰陶勒盖镇工作;2009年4月时任乌审召镇人民政府党委副书记、政府镇长职务。作为一名少数民族干部,自参加工作以来,特别是担任乌审召镇党委副书记、政府镇长以后,他始终能够坚持从工作大局出发,从维护民族团结与巩固社会和谐稳定角度出发,综合考虑各方因素,为加强民族团结,维护社会稳定,做出了积极的贡献。

一、政治坚定　旗帜鲜明

作为一名少数民族党员领导干部,特别注重个人的品德修养,遵纪守法,讲原则、讲团结、讲稳定,识大体,顾大局,能够时时处处自觉宣传党的民族政策,关心和团结各民族干部群众,牢固树立"三个离不开"思想,在大是大非问题上,始终能够做到头脑清醒、立场坚定、旗帜鲜明,坚决反对一切民族分裂主义和非法宗教活动,坚决维护安定团结的政治局面,维护祖国统一。

乌审召镇是全旗六个苏木镇中蒙古族主要聚居地之一,是以蒙古族为主体,汉族人口占多数的少数民族聚居区。朝鲁巴特尔同志在党的长期教育下,在思想深处自觉地树立起马克思主义国家观、民族观、宗教观。在反对民族分裂主义、非法宗教活动这一大是大非问题上,立场坚定、旗帜鲜明,自觉维护祖国统一和民族团结,时刻提醒自己要听党的话,跟党走,踏踏实实做事,老老实实做人,遵纪守法,关心群众,依靠人民,尽自己的一切所能为群众多做好事、实事。热爱党、热爱祖国,忠诚党的事业,坚定不移地走邓小平指明的有中国特色的社会主义道路,按照党章的要求,做到了言行一致,在工作中善于发挥成绩,纠正不足,不断提高,干一行爱一行,坚决服从组织安排,多年来,在多个岗位上都做出了非凡的成绩。

二、立足岗位　成绩突出

自参加工作以来,凭借自身的不断努力和辛勤工作,历任乌审旗乌兰陶勒盖镇人武部长、党委副书记、人大主席等职务,多年的基层工作经历,使他从内心深处与思想上切实与生活在最底层的广大农牧民之间产生了共鸣,他明白农牧民需求什么,在什么时节农牧民在生产生活中应注意什么事项。当地方经济发展与农牧民之间产生矛盾或在认识上产生分歧时,他总能够率先拿出解决方案,并在第一时间深入农村牧区一线予以协调、化解和解答。

一是团结带领全镇各族干部群众,地区经济建设保持了又好又快的发展态势。俗话说,火车跑得快,全靠车头带,作为乌审召镇人民政府的主要负责人,他始终将经济建设作为全镇的第一要务工作来抓,2009年全镇完成财政收入4400万元,完成任务的169％。2010年全镇完成财政收入5201.6万元,较上年同比增长18.2％,城镇居民和农牧民人均纯收入分别达到20000元和10000元。

二是紧跟时代发展需要,积极稳妥推进城乡统筹工作。结合市委"城乡统筹、集约发展""结构转型、创新强市"两大战略,根据"全域乌审城乡统筹"发展方向,带领部分嘎查村、社区负责人赴全国城乡统筹示范点四川省双流县进行实地考察,在镇内举办城乡统筹知识业务培训班,从方案出台、制度建设、试点打造等各个环节全力推进城乡统筹工作。于2009年11月底,顺利完成了原布日都嘎查4个牧业社177户614名农牧民搬迁转移工作,修通镇区通往移民区3千米柏油路,另外11栋移民住宅楼将于2011年底前全部完工。

三是认真开展排查化解矛盾纠纷,争做民族团结、社会稳定的最有力基石。乌审召镇地处毛乌素沙漠腹地,比邻乌审召化工项目区,全境被列为禁止开发区,四个嘎查村处于神华煤液化水源地范围之内。园区要发展、国家大型项目要支持,乌审召镇广大农牧民的生产生活需要与地区经济建设之间存在着极不协调的一面。为有效缓解这一矛盾,朝鲁巴特尔同志从党员领导干部的角色出发,积极协调各方关系,奔走于农牧民、驻地企业与上级党委、政府之间,为水源地及项目区附近农牧民争取政策性补贴;从少数民族干部角色出发,用民族之间的特殊情感与共同语言,做好少数民族干部群众的矛盾纠纷调解与缓和情绪工作,维护和巩固良好的社会治安综合治理工作。

四是密切联系群众,民生工作得到进一步加强。结合全市科级以上党员领导干部"进百村、办实事、惠民生"活动和全旗城乡企党组织"3+1"互助共建活动,朝鲁巴特尔同志积极联系和帮扶结对户,同时在查汉淖尔学校资助小学生一名,给予1000元现金的奖励与支持;制定出台《乌审召镇大学生奖励帮扶制度》,对当年考上大学本科和大专的学生每人给予1500元和1000元现金的奖励与帮扶,切实减轻农牧民的负担;对全镇20户五保户家庭实行养老保险由镇政府代缴制度,从生活上对他们给予关心和帮助;每逢雨季来临,他都要深入农村牧区一线,入户查看危房户安全生活情况,提醒他们做好防雨工作。如得知极端天气预报,他总要求机关干部,迅速通知广大农牧民和相关企业单位,及时做好预防措施,尽可能地将知晓范围扩至最大,将损失的可能降至最低。

就是这样一位普通的党员领导干部,以坚强的党性为后盾,在自己的工作岗位上默默地为民族团结与进步、地区经济社会建设与发展做着自己的贡献,成为当地乃至全旗民族团结进步的有力基石。

农牧民群众的主心骨

——记民族团结进步模范个人苏亚拉图

在乌审旗乌兰陶勒盖镇巴音敖包嘎查,有一位深受农牧民尊敬的嘎查长,多年来,他凭着执着的奉献精神和满腔的工作热情,默默无闻地工作在基层第一线,全心全意为农牧民群众谋福祉,他用自己的实际行动践行着一名共产党员为人民服务的崇高宗旨,带领农牧民群众走上了团结、富裕、和谐发展的小康路,他就是巴音敖包嘎查长苏亚拉图。

一、抓管理,强基建

作为基层嘎查村干部,苏亚拉图深知,组建一个好的领导班子,带一支素质过硬的队伍是全体嘎查农牧民的希望,也是自己应尽的职责。在他的带领下嘎查认真贯彻落实中央四个长效机制文件,制定了党员干部服务承诺制度和党员干部集中学习培训制度,经常组织农牧民党员认真学习政策理论、科学技术及法律法规知识等。同时认真开展了以"个十百千"为载体的创先争优活动,组织党员设岗定责,积极开展"3+1"帮扶活动,努力做到"五个好"和"五带头",增强党员干部创先争优意识,提高嘎查党员干部整体素质,党员帮扶结对达到100%。积极推行"四权四制"村治模式,严格执行嘎查村务、财务和党务公开制度,及时调节群众矛盾纠纷,做到嘎查干部和全体党员每人包扶一户贫困户,经常深入群众,及时了解社情民意,切实解决群众生产生活困难,进一步密切党群干群关系。他号召"两委"成员和全体党员干部"多做实事、好事,多为民排忧解难,多体察民情",与群众打成一片。他带领嘎查村委狠抓活动阵地建设,努力发挥基层组织在农牧民党员干部教育培训中的积极作用。2006年以来,先后投资150多万元,对嘎查活动阵地和基础设施进行了提升改造。开通了农牧民现代远程教育站点,积极举办农牧民教育培训活动,努力提高农牧民科学文化水平。近年来,组建农牧民文化独贵龙一支,马文化协会一个,农牧民种养殖协会一个,藏有各类图书5000余册,同时成立了妇女扶贫互助协会和人口文化大院。

在他的带领下嘎查以增强基层党组织的创造力、凝聚力和战斗力为目标,全面加强基层组织建设和党员队伍建设。嘎查先后荣获全市农村牧区党的建设"三级联创"活动"五个好"嘎查村党组织、全旗先进基层党组织、全旗"五个好"党支部、全旗"精品嘎查村"和全镇党建工作先进集体等殊荣。

二、借地利,强经济

嘎查带头人苏亚拉图带领嘎查全体党员干部,充分发挥和依托当地资源和自然等优势,加快招商引资步伐,强化集体经济发展责任落实,采用土地入股、土地使用权转让、租赁等多种经营方式,不断发展壮大经济,近年来,嘎查引进发展项目10余个,2010年集体经济收入达到130万元。

三、抓民生,促和谐

在嘎查领头人苏亚拉图的带领下,嘎查充分利用集体经济收入,全心全意为民办实事、办好事、解难事。带领嘎查农牧民走上了小康之路。2002年以来,先后投资150万元,对3000多亩荒地进行了开发改

造,全嘎查水浇地达到10800亩。先后实施了9万亩禁牧和26万亩休牧项目以及总投资75万元的整体脱贫项目。共投资140多万元,架设高压线路39千米,低压线路60千米。2006年以来统一为农牧民缴纳新型合作医疗,每年为农牧户缴纳合作医疗费近万元,农牧民新型合作医疗参合率达到100%。每年对嘎查新入学大学生和贫困学生进行奖励和资助,不断扩大贫困农牧民救助范围;2008年开始为嘎查农牧民每人每年缴纳养老保险80元,农牧民养老保险参保率达93%;嘎查对农牧民基础设施建设进行补贴,鼓励农牧民发展以鄂尔多斯细毛羊为主的特色养殖。嘎查党支部积极化解各种矛盾纠纷,近几年来未发生信访案件。2008年以来,嘎查累计向农牧民发放各类补贴救助资金130余万元,农牧民生产、生活水平显著提升,社会事业长足进步。嘎查牧业年度牲畜总头数达到4.5万只,农牧民人均纯收入达到1.1万元。

作为一名共产党员,苏亚拉图深知他的一举一动关系着党在群众中的威望,关系着群众对党的认识和了解。几年来,他多方筹集资金从打井、修地、架电等方面,想尽办法改善群众生产生活条件。在今后的基层工作中他将会继续奉行一个共产党员的一贯作风,一如既往地服务农牧民群众,当好农牧民群众的主心骨,努力为加快农牧民群众共同致富,构建和谐嘎查村做出突出贡献。

热血铸盾魂　真情写人生
——记乌审旗公安局刑警大队大队长沙楚日勒图

沙楚日勒图,男,蒙古族,1974年出生,中共党员,大学本科学历,1996年毕业于内蒙古人民警察学校,毕业后自愿到条件艰苦的乌审旗陶利派出所工作,先后担任陶利派出所所长、刑警大队副大队长等职务,现任乌审旗公安局刑警大队大队长。

他凭着对党的事业的强烈责任感,凭着一腔矢志不渝的信念和热情,把对党的事业的忠诚、对本民族的热爱、对民族团结的热心,全部默默熔铸于自己从事的警察事业中。用自身一点一滴的言行诠释着共产党员全心全意为人民服务的宗旨,用自己的实际行动认真践行着"三个代表"。从警16年来,他时时身先士卒,处处勇往直前,直接参与破获各类刑事案件100余起,抓获犯罪嫌疑人800余名。被评为"优秀工作者"三次,"先进个人"二次,"执法标兵"一次,"执法先进个人"一次,被市局嘉奖一次,被评为全市"十大破案能手"二次,荣立"个人三等功"三次,荣获"2012年所队长大比武第三名"。刑警大队多次被评为文明单位,数次荣立集体二、三等功。他把理想追求融入他所终生热爱的公安事业中,彰显了一名优秀共产党员的价值和人格魅力,树立了一名优秀共产党员的光辉形象,为民族的团结做出了积极的贡献。

团结崛起的乌审

一、政治坚定,旗帜鲜明,全力维护民族团结

作为一名少数民族的领导干部,特别注重个人的品德修养,遵纪守法,讲原则、讲团结、讲稳定,识大体,顾大局,能够时时处处自觉宣传党的民族政策,关心和团结各民族干部群众,牢固树立"三个离不开"思想,在大是大非问题上,始终能够做到头脑清醒、立场坚定、旗帜鲜明,坚决反对一切民族分裂主义和非法宗教活动,坚决维护安定团结的政治局面,维护祖国统一。影响社会稳定和发展的主要威胁来自民族分裂主义和非法宗教活动,对于这一点,沙楚日勒图同志深信不疑。在党的长期教育下,沙楚日勒图同志在思想深处,自觉地树立起马克思主义国家观、民族观、宗教观和"三个离不开"的思想。在反对民族分裂主义、非法宗教活动这一大是大非问题上立场坚定、旗帜鲜明,自觉维护祖国统一和民族团结。特别是加入中国共产党以来,更加严格要求自己,时刻提醒自己要听党的话,跟党走,踏踏实实做事,老老实实做人,遵纪守法,关心群众,依靠人民,尽自己的一切所能为群众多做好事、实事。要热爱党、热爱祖国,忠诚党的事业,坚定不移地走邓小平指明的有中国特色的社会主义道路,按照党章的要求,做到了言行一致,在工作中善于发挥成绩,纠正不足,不断提高,干一行爱一行,坚决服从组织安排,多年来,沙楚日勒图同志在多个岗位上都做出了非凡的贡献。

二、率先垂范,做出表率,彰写共产党员本色

沙楚日勒图同志不论是在工作、学习上,还是在生活中,时刻关心着他人,关心着单位的同志,身体力行,率先垂范。他在紧张繁忙的工作中,首先把刑警大队的队伍建设和民族团结稳定工作放在首位,作为大队长他经常同大队领导班子成员之间进行沟通、交流,时刻塑造一种相互信任、相互支持、精诚团结的氛围,他经常在开会和学习时强调,全体民警要学习上求实,工作上踏实,作风上朴实,为人处世诚实。

他善于了解民警的思想动态,有高度的敏锐性和预见性,对民警可能出现的问题及时做好思想政治工作,总是把问题消灭在萌芽状态。在管理方面不失时机地制定完善各项规章制度,坚持做到对事不对人,干事靠制度,做到言行一致、廉洁自律、勤政务实,不计较个人得失。任劳任怨,千方百计为民警、为人民群众服务。在组织方面,凭借他个人的领导艺术和人格魅力,造就了一支有向心力、号召力和凝聚力的年轻刑侦队伍,在大队上下形成了民主管理的良好氛围。

他常说:干事教育为先,把握了民警的思想动态,就能形成强大的工作动力。他时刻注重以民族团结教育为中心,突出面对面的教育,用身边的事渲染教育其他人。树立讲团结、讲政策、讲法制,学习先进事迹的良好风气。他经常组织各族民警学习党的民族理论和民族政策,教育干部要维护祖国统一,反对民族分裂,牢固树立"三个离不开"的思想,并经常组织民族团结知识考试,使全体干部牢固树立了马列主义的国家观、民族观、宗教观、历史观、文化观,旗帜鲜明地反对民族分裂主义和非法宗教活动,为增进各民族民警之间的交流,塑造了有效的途径。如果哪位同志遇到困难,各民族民警都会尽力帮助,几年来,大队从未发生过不团结的现象。大家形成了团结、平等、友好的新型同志关系。他十分关心各族民警的生活。特别是退休民警的生活,大队组织退休民警到外地去旅游、疗养,他总是优先考虑让汉族同志先去。民警在学习、工作、生活中遇到什么困难他都会伸出援助之手,无论谁生病住院,他都会带上礼品前去看望,嘘寒问暖。

三、舍小家,为大家,工作任劳任怨

他常常对战友说:"破案需要顽强的韧劲,但更重要的是靠智慧。"善于捕捉破案线索,能够理性地进行分析,做好刑侦基础工作,就能起到事半功倍的作用。他凭借着十几年丰富的刑侦经验、敏锐的洞察力、过人的智慧侦破了一个又一个大案要案。

"身服干戈事,岂得念所思",作为一名警察,特别是作为一名刑警,要做到工作、家庭两周全是绝对不可能的。翻开他那辉煌的一页页,我们仿佛又看到了他曾经七天七夜侦破"7·7"罕见抢劫杀人案时的殚精竭虑与威猛神勇,仿佛看到他的宝贝女儿见"失踪"已久的爸爸出现时,扑过去搂住他的脖子,哭着说:"爸爸,你不会又马上就走吧?"……看似平凡简单的人生片段,却是一名年轻侦查员血与汗的凝聚,是一次次惊心动魄的正义较量邪恶的缩影,是一名刑警舍小家为大家的真情写照,是一名共产党员无私奉献的真实缩影。

四、扶贫帮困,做人民的贴心人

他能与各族民警干部及贫困户打成一片,为他们解决工作中的实际困难,切实维护好各民族群众利益。在平时工作中能积极为弱势群体办实事。近年来先后组织民警干部职工为困难户捐款捐物,帮助他们渡过难关。忠实地实践着"三个代表"重要思想,把党和人民的期望化作为人民服务的自觉行动,恪尽职守,努力工作,在平凡的岗位上做出了不平凡的成绩。在近几年发生的地震、扶贫解困等开展的捐款活动中,他总是带头捐,并且捐得最多。

沙楚日勒图同志就是这样一个为地区经济发展及社会治安和谐稳定和民族团结添砖加瓦、一心为公、全心全意为人民服务的平凡人,他把心中所有的温情化作无数份爱心奉献给各族人民,在基层领导岗位上,积极进取,顽强拼搏,奉献着自己的青春,捍卫着人民警察的神圣职责,用智慧与坚毅成功演绎了一名刑警的精彩人生,用自己心中对党的忠诚、对事业的热爱铸就民族团结情,使民族团结情万古长青。

立足岗位　服务人民
——记民族团结进步先进个人燕飞世

2012年,39岁的燕飞世同志任乌审旗就业服务局局长。他以严谨的工作作风、以身作则的工作态度、高尚的道德情操和极高的思想觉悟,深得广大干部群众的拥护。一直以来他始终坚持"让人民满意"这个信念,以平凡的事迹,为党的事业增添了色彩,熟悉他的人都说他是一个工作踏实、勤勤恳恳、责任心强、富有正义感的人。他在基层默默无闻、辛勤工作了17个春秋。从2009年调任到就业局,他把朴实肯干、实干的工作作风带在现任的工作岗位上。在平凡中,他始终坚信党的领导,坚定社会主义理想信念,忠诚于党的事业;在平凡中,他自觉维护祖国统一、维护民族团结、坚决反对民族分裂。他用自身的模范实践谱写了一曲新时代民族团结的赞歌。

他一直兢兢业业,勤奋工作。自参加工作以来他就以自己扎实的工作作风,尽职尽责地在不同的部门和岗位上默默奉献,搞好民族团结,牢牢把握维护祖国统一、加强民族团结的主题。赢得了领导和同事的认可和好评。曾多次被评为先进工作者、优秀公务员等。

在党的长期教育下,作为党员的他在思想深处自觉地树立起了"三个离不开"的思想,在反对民族分裂主义、非法宗教活动这一大是

大非问题上立场坚定、旗帜鲜明,自觉维护祖国统一和民族团结。他常说:民族团结是我们的眼睛,我们要像爱护眼睛一样去爱护各族同胞。他干一行,爱一行,身处在一个多民族的环境中,他深知民族之间的团结是各项工作得以顺利开展的必要保证。因此,他在加强就业再就业业务知识学习的同时,把政治理论学习和民族团结学习放在重要位置,始终保持清醒的头脑,在大是大非面前立场坚定,旗帜鲜明,坚决反对一切破坏安定团结,影响社会稳定的思想和行为。对于工作始终保持很高的热情,无论在什么岗位上,他都能一如既往地勤奋工作。

作为一个部门的负责人,在平时工作和生活中,燕飞世同志很注意搞好民族团结。在日常工作中,他广泛征求大家的意见,力求做到集思广益,事事、处处做好表率作用,给各族职工做出了很好的榜样,使得职工之间都能和睦相处、友好交往。2010年1月1日,局长燕飞世带领就业服务局领导班子成员一行来到帮扶户嘎鲁图镇巴音温都嘎查宝锁家,给他们送去了潜水泵一台,1000元启动资金来发展水浇地。他还建议采取寓教于乐的教育方式,利用工作闲暇时间和节假日开展一些集体活动、组织干部向贫困少数民族干部捐款、捐物,使各民族职工加深了感情、密切了关系,达到了稳定职工思想、加强民族团结的目的。各项措施的开展,使团结得到进一步加强,真正使各民族干部心往一处想,劲往一处使,使各项工作得到了长足发展和全面的进步。

对于一个窗口服务单位,又是一个少数民族比较聚集的地方,会因为语言的不通,造成很多误会。一次一个少数民族失业者来找工作,因为汉语水平不高,听不明白单位职业介绍人员的解释,以致相互之间发生激烈争执,眼看矛盾就要继续恶化,形势危急。燕飞世同志了解了该失业者的状况,动之以情,晓之以理,为该同志想办法,解决了该同志的就业问题,终于打动了这名同志,化解了一场即将爆发的突发事件。从这件事情上让他懂得,任何民族只要付出真心,动了真情就一定能化干戈为玉帛。

作为一名共产党员,他知道要站在民族团结的前列,他始终以一个共产党员的标准严格要求自己,坚持党性原则,燕飞世同志经常同单位干部职工一道,认真学习党和国家的民族政策。从多年的工作经验中他得出民族团结的大旗不能倒,团结稳定的局面不能变。作为一个部门的负责人,他在加强自身学习的同时,还采取多种形式,积极组织单位全体干部开展"加强民族团结反对民族分裂维护祖国统一"学习讨论活动,学习传达上级会议精神、收看各级领导电视电话会议讲话,宣传树立同"三股势力"做斗争的坚定信心和决心,保持清醒头脑,不信谣、不传谣,自觉维护社会安定团结大局,毫不妥协地同民族分裂主义进行斗争,做好民族团结工作的表率。在维护社会稳定和民族团结方面,他积极主动落实24小时值班工作,参加维稳演习,在维护社会稳定、加强民族团结思想教育工作中起到了一定的带头模范作用,受到了全局干部的一致好评。

岁月悠悠,情亦悠悠。20年来,在历史的长河中弹指一挥间,但在燕飞世平凡人生经历中却谱写了人生中最为灿烂的乐章,他常说:是各民族人民给了我成长的摇篮,是这片热土养育了我,在各族人民同呼吸、共命运、心连心的氛围中,使我真正明白了加强民族团结维护祖国统一和社会稳定,是各族人民的共同愿望。

爱岗敬业　履职尽责
——记民族团结先进个人傲特根锁

傲特根锁,女,蒙古族,共青团员,1990年1月出生于鄂尔多斯市乌审旗,2013年6月毕业于内蒙古大学,2013年11月通过全旗蒙汉双语工作人员考试,至今在乌审旗民族宗教事务局工作。坚决拥护中国共产党领导,在工作和生活中能够时时事事按照"信念坚定,为民服务,勤政务实,敢于担当,清正廉洁"的20字好干部标准严格要求自己,做到了明辨大是大非的立场特别清醒、维护民族团结的行动特别坚定、热爱各族群众的感情特别真诚。

一、政治坚定,立场鲜明

作为一名民族宗教工作部门干部,为提高自身处理民族问题、开展民族工作的能力,认真学习宣传马克思列宁主义、毛泽东思想、邓小平理论、"三个代表"重要思想、科学发展观和习近平总书记治国理政新理念新思想新战略,进一步坚定了中国特色社会主义道路自信、理论自信、制度自信、文化自信,增进了对伟大祖国、中华民族、中华文化、中国共产党、中国特色社会主义的认同,牢固树立了马克思主义民族观和"五个认同""三个离不开"思想,2016年被评为乌审旗优秀共青团员。

二、爱岗敬业，履职尽责

办公室是一个单位、一个系统、一个机构的关键部门。办公室工作如何，对全局工作影响很大。作为综合办公室秘书，始终以强烈的事业心、严肃认真的工作态度和一丝不苟的工作作风投入工作中。当好参谋助手，主动采取多种形式与各族群众、基层干群和相关部门接触，了解实情，既保证不遗漏真话，又保证了不让虚假的信息对领导决策的影响。注重平时的积累，了解掌握全旗民族工作基本情况，关注梳理群众最关心的热点、难点问题，并对这些信息进行综合分析，参加工作至今，起草各类文件140多份，撰写典型材料、汇报报告等30多篇，服务领导决策，为制定出台民族政策，创建全区民族团结进步示范旗做出了应有的贡献。当好机要保密者，"民族宗教无小事"，作为机要工作者，对此有着清醒的认识，始终坚持以守口如瓶为首要职责，学习《保密法》《国家安全法》等相关规定，筑牢思想防线，增强做好保密工作的责任感和自觉性，严格执行涉密文件、资料传阅销毁登记制度，从根本上杜绝了涉密文件在流转环节的泄密隐患，确保了国家秘密不被泄露。当好信息反馈者，从加强信息网络着手，拓宽信息覆盖面，重点开发特色信息、精品信息，对民族地区经济社会发展，民族文化的保护传承，民族团结进步创建活动的有序开展等进行了重点信息上报。参加工作至今，上报各类信息简报110多篇，从多个角度报道了全局工作取得的成绩，发挥了宣传报道作用，连续两年被评为全市民委系统信息工作先进个人。

三、服务群众，热心助人

作为全旗蒙汉双语考聘人员，始终把各族群众放在心中脑中，尊重各民族风俗习惯，耐心帮助少数民族群众参加少数民族农牧民实用技术培训、少数民族贫困群众职业技能培训和民族传统手工艺展览、

团结崛起的乌审

蒙古刺绣大赛等活动,能够熟练运用蒙汉两种文字,在平时的工作和生活中,热心帮助前来办事的各族群众,为他们答疑解惑,虚心请教前辈,诚心对待同事。

第五章　民族团结先进事迹

2017 年鄂尔多斯市民族团结先进个人
——记乌审旗乌审召镇党委副书记、镇长康锐

提起乌审召镇党委副书记、镇长康锐同志,没有人不伸大拇指的,和他打过交道的各族干部、群众感触最深。他凭着对党的事业的强烈责任感,凭着一腔矢志不渝的信念和热情,把对党的事业的忠诚、对本职工作的热爱、对民族团结的热心,全部默默熔铸于自己从事的事业中。用自身一点一滴的言行诠释着共产党员全心全意为人民服务的宗旨,用自己的实际行动认真践行着"三个代表"。从事工作 14 年,不论是在基层任领导,还是在机关工作,他总能以一个党员领导干部的标准严格要求自己,以自己的实际行动赢得了群众和各级组织的认可。

一、率先垂范、作出表率

康锐同志不论是在工作、学习上,还是在生活中,时刻关心着他人,关心着单位的同志,身体力行,率先垂范。他在紧张繁忙的工作中,首先把党委班子建设和民族团结稳定工作放在首位,作为党委副书记他经常同领导班子成员之间进行沟通、交流,时刻塑造一种相互信任、相互支持、精诚团结的氛围,他经常在开会和学习时强调,全镇干部要学习上求实,工作上踏实,作风上朴实,为人处事诚实。他善于

了解干部的思想动态,有高度的敏锐性和预见性,对单位职工可能出现的问题及时做好思想政治工作,总是把问题消灭在萌芽状态。在管理方面不失时机地制定完善各项规章制度,坚持做到对事不对人,干事靠制度,做到言行一致、廉洁自律、勤政务实,不计较个人得失。任劳任怨,千方百计为职工、为人民群众服务。在组织方面,凭借他个人的领导艺术和人格魅力,造就了一支有向心力、号召力和凝聚力的干部队伍,在单位上下形成了民主管理的良好氛围。

他常说:干事教育为先,把握了职工的思想动态,就能形成强大的工作动力。乌审召镇是一个由汉、蒙古等几个民族组成的大家庭,他时刻注重以民族团结教育为中心,突出面对面的教育,用身边的事渲染教育其他人。树立讲团结、讲政策、讲法制,学习先进事迹的良好风气。他经常组织各族职工学习党的民族理论和民族政策,教育干部要维护祖国统一,反对民族分裂,牢固树立"三个离不开"的思想,并经常组织民族团结知识考试,使全体干部牢固树立了马列主义的国家观、民族观、宗教观、历史观、文化观,旗帜鲜明地反对民族分裂主义和非法宗教活动。为增进各民族干部之间的交流,自2016年以来,开展了各民族互学语言,"每日一句"的互学活动,还在单位开展了一个汉族干部帮助一个少数民族干部学习普通话的"一帮一"活动,进一步发扬了"三个离不开"的思想,让各族干部在工作中获益匪浅,更增进了彼此的感情,提高了各族干部的专业水平和综合素质。在平时的工作中,他都能和各族干部互相支持、互相谅解、互相帮助。如果哪位同志遇到困难,各民族干部都会尽力帮助,大家形成了团结、平等、友好的新型同志关系。他十分关心各族干部职工的生活。特别是退休职工的生活,单位职工在学习、工作、生活中遇到什么困难他都会伸出援助之手,无论谁生病住院,他都会带上礼品前去看望,嘘寒问暖。

二、扶贫帮困、做人民群众的贴心人

康锐同志脚踏实地,为摸清乌审召镇贫困人口实际情况,掌握扶贫第一手资料,不怕辛苦,走遍困难牧业社,发现一些贫困牧民人穷志短,存在有一天过一天的思想,康锐同志为尽快帮助这一部分贫困人口转变思想观念,早日脱贫致富,他把帮思想、抓志气作为首要工作来抓,先后组织贫困群众到全镇创业致富带头人及产业发展示范户家中参观学习特色种养殖业发展情况,通过参观学习引导他们解放思想、更新观念,树立信心,积极发展农牧业生产,争取早日脱贫。在他的带领下,去年全镇国家级贫困人口全部脱贫,市级贫困人口有序脱贫,并且实现了年收入20%的增长。

三、抓共建、促民族团结

近年来,他积极与"3+1"帮扶单位合作,每年都要组织与这些共建帮扶单位举行民族团结联谊活动。社会生活是个多侧面的,他在认真做好单位本职工作的同时,还组织各族干部职工积极投入乌审召镇精神文明创建工作,开展内容丰富的文体娱乐活动。凭着人民"公仆"的强烈事业心和无私奉献精神,带领全体干部为乌审召镇的经济发展和社会稳定做出了突出的贡献。为了增强单位的凝聚力,组织开展"求生存、求团结、求稳定、促发展"的大家谈活动。要求每个干部结合自己的工作谈认识、表决心。通过座谈,大家认清了形势,理清了思路,认识到只有搞好民族团结,乌审召镇经济工作才能稳定发展;只有搞好自己的本职工作,只有促进经济发展才是硬道理,使各族干部在学习和各项活动中受到教育,感召和激励干部提高理论素质,树立正确的人生观和世界观,增强广大干部顾大局,识大体,恪尽职守,无私奉献的敬业爱岗精神。现在,乌审召镇民族团结教育深入人心,各族干部和睦相处,互相尊重,互帮互学,人人讲团结,民族团结之花在单位处处盛开,各项工作稳步推进。

团结崛起的乌审

康锐同志就是这样一个为地区经济发展和民族团结添砖加瓦、一心为公、全心全意为人民服务的平凡人,他把心中所有的温情化作无数份爱心奉献给各族干部职工,把全部的心血都浇灌在经济发展事业的沃土上,用自己心中对党的忠诚、对事业的热爱铸就民族团结情,使民族团结情万古长青,使民族团结之花在"牧区大寨"乌审召更加绚丽多彩。

2017 年鄂尔多斯市民族团结先进个人

——记乌审旗委常委、统战部长阿拉腾图雅

阿拉腾图雅,女,蒙古族,1974 年 11 月出生,本科学历,现任中共乌审旗委常委、统战部长。1995 年 8 月参加工作,2001 年 11 月加入中国共产党,曾先后担任乌兰陶勒盖镇政府民政助理兼妇联主席,图克镇政府副镇长,图克工业园区管委会副主任,旗宣传文化发展中心副主任兼乌兰牧骑队长,旗文化广播电影电视局副局长兼乌兰牧骑队长,旗委统战部副部长、民族宗教事务局党组书记、局长等职务,2016 年 5 月至今任中共乌审旗委常委、统战部长。

一、政治坚定,旗帜鲜明

中华民族一家亲,同心共筑中国梦,作为一名少数民族领导干部,她深知经济社会发展需要民族团结,地区安定和谐需要民族团结,各族人民过上幸福美满的生活更需要民族团结,乌审旗是一个典型的以蒙古族为主体、汉族占多数的少数民族聚居区,只有共同团结奋斗,才能共同繁荣发展。阿拉腾图雅同志在政治、思想上同党中央保持一致,始终坚持以党的方针政策武装头脑,遵纪守法,讲原则、讲团结、讲稳定,识大体,顾大局,牢固树立了马克思主义民族观和"三个离不开""五个认同"思想,在工作生活中能够时时处处自觉学习宣传党的民族

政策,关心和团结各族干部群众,做到了明辨大是大非的立场特别清醒、维护民族团结的行动特别坚定、热爱各族群众的感情特别真诚。

二、围绕大局,履职尽责

阿拉腾图雅同志始终围绕旗委、政府中心工作,多年来,在多个岗位上都做出了非凡的成绩。时任旗乌兰牧骑队长期间,受国家民委委托,代表中国赴波黑塞族共和国参加《2009年杜卡特国际民间艺术节》荣获评委会最高荣誉奖,最佳表演风格奖,并团结带领旗乌兰牧骑先后获得"全国服务农牧民服务基层文化建设先进集体",内蒙古自治区第十一届精神文明建设"五个一工程"奖,第五届内蒙古自治区乌兰牧骑艺术节金奖等荣誉,其本人先后被中共鄂尔多斯市委、鄂尔多斯市人民政府评选为先进个人,荣获第二届中国民族文化创新成果奖一等奖,"2011年度民族文化影响力人物"等荣誉称号;时任旗民族宗教事务局长期间,不断完善支持民族地区发展差别化政策,推动出台《中共乌审旗委旗人民政府关于进一步加强和改进新形势下民族工作的实施意见》,创新思路举措,在提高少数民族群众思想认识、加强民族地区基础设施建设、保护传承民族文化、繁荣发展民族教育事业、维护宗教领域和谐稳定,全面发展蒙古语言文字事业等方面做出了积极贡献,切实推动了乌审旗民族宗教蒙古语文工作不断向前发展。担任旗委常委、统战部长以来,采取"请进来,走出去"的培训方式,开展民族理论民族政策专题讲座、培育和践行社会主义核心价值观专题宣传教育活动及科技技术培训,参训少数民族农牧民达1万多人次,发放各类宣传材料3万多份,积极开展纪念杰出的蒙古族民族民主革命家席尼喇嘛诞辰150周年系列活动,以"群众参与、政府主导、教育传承"三项举措进一步丰富蒙古族敖包祭祀文化内容,充分展现蒙古族敖包文化深邃的文化底蕴,乌审旗三座敖包被中国蒙古学学会、内蒙古民俗学会命名为"内蒙古知名敖包",召开《弘扬民族精神,凝聚民族力量,促进民族团结,推动社会和谐》主题宣传教育系列活动启动仪式,全力创建民族团结进步示范旗,不断开创了我旗民族团结进步事业新局面,为绿色乌审全面建成较高质量小康社会,凝聚了人心、汇聚了力量。

三、牢记宗旨,心系群众

"世界上最远的距离,是心与心的隔阂;世界上最近的距离,也是心与心的交流。"她始终把少数民族群众放在心中脑中,作为一名出身普通牧民家庭,从基层走出来的少数民族干部,阿拉腾图雅同志亲历农牧民疾苦,深知农牧民期盼,参加工作至今,她全力投入基层,深入群众,积极开展工作,践行"全心全意为人民服务"的宗旨意识,注重平时的点滴积累,带着情感、带着责任与群众谈心交流,倾听他们的心声,充分发挥党的思想政治工作优势,做通群众工作,为困难群众早日脱贫致富出谋划策。

阿拉腾图雅同志为民族地区经济社会各项事业发展做出了突出贡献,为民族团结进步事业做出了榜样。

2017年鄂尔多斯市民族团结先进个人

——记乌云娜老师的先进事迹

乌云娜,女,蒙古族,中共党员,2003年7月毕业于呼和浩特市民族学院语言文学系汉语班,2004年12月,经不懈努力,顺利通过自考,毕业于内蒙古大学蒙古语言文学专业。现担任乌审旗第三实验小学办公室主任兼蒙古语口语交际及歌曲课。

乌云娜老师在十多年的从教生涯中,时刻以一个优秀教师的标准要求自己,勤勤恳恳、兢兢业业、热爱学生、团结互助,在平凡的岗位上从事着不平凡的事业,深受学生的喜爱、家长的信任,曾获得"优秀教师""优秀党员""三八红旗手""最美家庭"等旗级、校级多项荣誉。作为一名少数民族教师,她不但在教学工作中始终严格要求自己,在加强民族团结、维护社会稳定方面,更是树立起一面旗帜。

为促进民族团结,增进民族间互相了解、和谐相处、加深友谊,培养更多蒙汉兼通人才打好基础,乌审旗第三实验小学从2015年3月起,在一、二年级开设蒙古语口语交际及歌曲特色课,三年级以上学生中开展蒙古语口语交际兴趣课,将蒙古语纳入校本课程,并配备蒙汉兼通的专任教师乌云娜老师开展这门课程的教学工作。这是汉族学生学习蒙古语,汉语授课学校教学蒙古语的典型事例。作为一名蒙古族教师,她毫不犹豫地接受了这份光荣的任务。在摸索开展蒙古语教学工作的同时,为了使该课程更系统化、知识化、特色化,更有利于教学,乌云娜老师开始编写蒙古语口语交际及歌曲校本教材。为了能让课程有效地开展,她专门对学情进行跟班了解,同时,还进行了长达一年多的走班试讲,并翻阅各种书籍、请教兄弟学校的专业蒙古语教师,不断对教材内容进行细致的研究和思考。功夫不负有心人,2015年9月,乌云娜老师编写的一年级上下两册教材已试用。即便有了教材,在教学上她也不敢有一丝松懈,反而更加用心备课、认真上课,不断摸索、钻研教材,虚心向同行请教,还邀请蒙古语文权威人士开展了蒙古语口语交际教材征求意见座谈会。有付出就会有收获,经过短短两年的不懈努力,2017年3月,乌云娜老师终于编写出4本蒙古语口语交际及歌曲校本教材。4本教材共有200个单词、160个句子和8首蒙语歌曲。整套教材采用了国际音标注音的形式,而且每一课都制作微课,以二维码的形式显示在教材当中。9月,这4本教材通过内蒙古文化出版社正式出版。这是她这两年来废寝忘食、呕心沥血的成果。经过两年多的蒙古语教学,教学效果显著,得到了家长和社会各界的一致好评,学生学习蒙古语的积极性也越来越高,已形成了学生在校内外学讲蒙古语、学唱蒙语歌曲,回到家中说教蒙古语的浓厚氛围。因为心中有爱,学生们总是喜欢上她的课,而且在各种文艺表演及兴趣活动中她都会给孩子们教蒙古歌曲和蒙古舞蹈,展现我校的民族团结良好氛围。

2017年2月11日,新华社内蒙古分社社长李仁虎一行在旗委书记吉日嘎拉图等领导的陪同下,来学校调研并深入蒙古语课堂教学,给予了高度评价与认可。乌云娜老师也先后接受了内蒙古电视台、鄂尔多斯电视台及乌审旗电视台的蒙古语教学经验专访和课堂教学录制。

作为一名少数民族,乌云娜老师不但带头贯彻党的少数民族语言

文字政策,而且把民族团结放在心坎上,同时也把民族团结落实到行动上。为全面贯彻党的民族政策,进一步增强民族团结教育针对性、有效性,不断巩固和发展各民族大团结的局面,她特别注重个人品德修养,遵纪守法、讲原则、讲团结、讲稳定,识大体、顾大局,能够时时处处自觉宣传党的民族政策,关心和团结汉族教师。在教学当中她始终引导教育学生加强各民族学生之间团结,汉族同学要尊重少数民族同学风俗习惯,少数民族同学要与汉族同学友好相处,而且将每年的民族团结教育活动组织得有声有色。乌云娜老师精心组织第三实验小学与蒙古族实验小学和蒙古族幼儿园的民族团结手拉手活动。通过丰富多彩的共建活动和交流,学生在实践活动中提高蒙古语口语交际能力,互帮互助,共同提高、共同发展,进一步巩固和发展"平等、团结、互助、和谐"的民族关系。

多年来,她积极参加政治学习,自觉树立起马克思主义国家观、民族观、宗教观和"三个离不开"的思想。在反对民族分裂主义、非法宗教活动这一大是大非问题上立场坚定、旗帜鲜明,自觉维护祖国统一和民族团结。在三小这一多民族的大家庭中,她自觉做到:不利于民族团结的话不说,不利于民族团结的事不做。她坚持以服务为本,努力精通业务,做好本职工作,不断完善和创新,成了教育教学工作中的优秀典范。

第六章
民族团结进步创建的经验与启示

长期以来,乌审旗各族群众恪守"共同团结奋斗、共同繁荣发展"的主题,牢固树立"汉族离不开少数民族、少数民族离不开汉族、各少数民族之间也相互离不开"思想。尤其是进入 21 世纪以来,"五个认同"的思想深入人心,"守望相助"的意识转化为各民族群众共建美好家园的自觉行动,草原儿女心向党,携手相助奔小康。

第一节 乌审旗民族团结进步创建成功的经验

70年来,在乌审旗委、旗政府的领导下,在全旗各族人民的支持下,乌审旗平等、团结、互助、和谐的社会主义新型民族关系不断巩固和发展,民族团结进步事业焕发出勃勃生机,民族团结进步创建活动成果丰硕,成就巨大,经验良多。

一、加大宣传教育 深化思想认识

提高认识深度

开展民族团结宣传教育,有利于加强各民族大团结,促进各民族共同繁荣发展。首先要求全旗各级领导干部认识到民族团结关乎改革发展稳定大局的极端重要性,搞好团结进步创建活动的过程就是促进各民族交往交流交融的过程,就是温暖人心、争取人心、凝聚人心的过程,也是合力推进民族地区改革发展稳定、确保如期全面建成小康社会的过程。只有站在这样的高度,才能真正把创建活动摆上重要议程。特别是旗党政主要领导和各单位"一把手"提高政治站位,坚持从政治上把握民族关系、看待民族问题,深刻理解民族团结进步创建工作的重大意义,把创建工作始终装在心里、牢牢抓在手上。其次让全旗各族群众认识到民族团结进步创建是大家的事,不是哪一个民族的事,更不是某个个人的事情,民族团结进步示范旗的创建是民族工作的重要抓手,各民族之间、各民族内部都遵循平等相待、互相尊重、和睦相处、互助合作的行为准则,各族人民同心同德,共同致力于发展政治、经济、文化和各项社会事业,共同致力于维护国家统一和安全,努力促进社会稳定和协调发展,坚决反对一切违背各族人民共同愿望和根本利益的要求和行为。

精选宣教内容

围绕民族团结进步创建活动,宣教的主要内容包括:党的民族理论和政策、民族法律法规和民族知识,马克思主义民族观,社会主义核心价值观和中国梦,"三个离不开"思想,"五个认同"思想,中华民族共同体意识,习近平总书记关于民族工作的重要论述等。以中央宣传部宣传教育局、教育部思想政治工作司、国家民委政策法规司共同组织编写的《民族团结教育通俗读本》为基本教材深入开展民族理论和民族政策教育,旗帜鲜明地引导各族群众反对各种错误思想,增强他们识别大是大非、抵御国内外敌对势力思想渗透的能力,树立正确的国家观、民族观、宗教观、历史观、文化观,增强各族人民群众的中华民族意识、国家意识、法治意识和公民意识。尤其讲好乌审旗本土的民族团结进步的典型案例和故事,如"金陵儿女心系草原"等。

扩大宣教对象

搞好民族团结进步教育,既教育各族群众,更教育各族干部;既教育少数民族干部,更教育汉族干部;既教育一般干部,更教育党员领导干部;既教育青少年,也教育农牧民;打牢民族团结的思想基础和群众基础。

丰富宣教形式

以每年9月民族团结进步宣传月活动为载体,全旗积极开展多种

形式的宣传活动,开展"爱我乌审"主题实践活动、"弘扬民族精神、凝聚民族力量、促进民族团结、推动社会和谐"民族团结进步主题宣传教育系列活动,全旗民族宗教蒙古语文政策法规知识竞赛等,成立旗委讲师团蒙语宣讲组,用通俗易懂的语言将党和国家民族政策传递到各族干部群众中。在民族团结教育宣讲过程中,把旗帜鲜明的立场和群众喜闻乐见的形式结合起来,把一般性内容和本地区、本部门、本单位的具体情况结合起来,把阶段性的宣传教育和经常性的宣传教育结合起来。

增强宣教实效

在把民族团结进步教育纳入中小学教育过程中,乌审旗按照《学校民族团结教育指导纲要(试行)》要求,开设民族团结教育相关课程,针对中小学生的年龄、生理、兴趣特点,与学生思想教育、社会实践、校园文化建设结合起来,有侧重地开展创建活动,增强针对性和感染力。如乌审旗蒙古族实验小学与东胜区万佳小学开展包括教师之间、学生之间、班级之间"结对子"活动,营造共学共进、互学互融的氛围,促进各民族师生融洽交往交流。

在把民族团结进步教育纳入社会教育过程中,乌审旗拓宽教育平台,利用各类文化活动场所、政务服务大厅、窗口单位等大力开展民族团结进步宣传教育。在各级各类媒体创建专栏,拿出黄金时段和重要版面,持续做好民族团结先进典型事迹宣传报道。广泛开展知识竞赛、征文演讲、诗歌朗诵、大合唱、广场舞展演等活动。

在把民族团结进步教育纳入干部教育过程中,乌审旗把习近平总书记关于民族工作的重要论述和党的民族理论政策作为各级党委(党组)理论学习中心组学习的重要内容,纳入干部职工教育培训范围,纳入旗党校(行政学院)培训计划,把民族团结进步教育作为重要内容纳入干部任职培训、公务员入职培训内容。

二、成立领导小组　统筹工作大局

做好民族工作,关键在党,关键在人。为了加强对民族工作的组织领导,乌审旗成立了旗委书记任组长的民族团结进步创建活动领导小组,召开动员大会,制定印发一系列方案和实施意见,研究制定了《关于进一步加强和改进新形势下民族工作的实施意见》《乌审旗创建民族团结进步示范旗工作实施方案》《乌审旗命名民族团结进步创建活动示范单位的实施意见》等一系列实施方案和意见,将创建工作纳入旗委、政府年度重点任务和工作目标。

乌审旗委、旗政府主要负责同志重视做好民族工作,经常听取民族工作汇报,真正做到了"重要工作亲自部署、重大问题亲自过问、重点环节亲自协调、重大事项亲自督办",推动和促进民族工作各项任务落实。实行目标责任制,有专人负责创建活动的组织实施,并将民族团结进步创建活动绩效作为相关领导和人员考核的重要内容,形成了党委领导、政府负责、有关部门协同配合、全社会通力合作的民族工作格局。

三、优化协作机制　提升创建合力

民族团结进步创建活动需要各单位、各部门各司其职、通力合作、密切配合,共同推进。只有发扬协作精神,才能在重大问题上形成共识,在关键环节上凝聚力量,在推进步骤上相互衔接,提升创建工作合力。

协调合作机制

在乌审旗委、旗政府的领导下,建立健全旗委宣传部、旗委统战部、旗民委三家主要部门的协调配合机制,具体工作由旗民委负责。旗委旗直各相关部门根据实际情况,安排专门机构和人员负责民族团结进步创建活动的分内工作。统战部和民委负责政策研究、综合协调、信息报送、舆论宣传等工作,当好党委、政府的参谋助手。机关、企业、

社区、乡镇、学校建立健全以基层党组织为核心、广泛吸收各方面参加的创建工作网络,积极组织各族群众开展创建活动。

联动发展机制

民族团结进步创建活动不能单兵突进,必须与上级党委政府的重大工作安排联系起来,必须与乌审旗各族群众需要解决的重大问题结合起来,才能赢得更多的理解、更大的支持。因此乌审旗民族团结进步创建领导小组通过调查研究,在掌握全旗民族人口基础信息、民族关系基本状况、各族群众需求的基础上,有针对性地制定了开展创建活动的具体办法和工作计划。主要把民族团结进步创建活动与精准扶贫、精准脱贫攻坚相结合,与打好污染防治攻坚战相结合,与加强农牧业经济活力、提高各族群众收入相结合,与创建全国县级文明城市相结合,与开展党的群众路线教育实践活动相结合。

监督检查机制

良好的体制机制是民族团结进步创建健康发展的重要保障。针对创建工作中存在如参与范围不够广泛、协同配合不够密切、工作合力有待增强等情况,也为了推动创建工作不断向纵深发展、创新发展,把民族团结进步创建活动开展情况列入各职能部门、各单位监督检查的内容,采取专题检查、重点抽查等方式,切实加强监督检查工作,着力解决创建活动中出现的问题和存在的薄弱环节,推动创建活动的健康发展。力求把有利于民族团结进步、有利于各民族共同繁荣发展、有利于民族交往交流交融、有利于国家统一和社会稳定作为衡量民族团结进步创建活动成效的重要标准。

四、创新方式方法　谋求创建高度

为了让民族团结进步创建活动更加贴近实际、贴近生活、贴近群众,成为各族群众的自觉行动,使创建活动实现"人文化、大众化、实体化"的具体目标,乌审旗在国家规定的测评内容和体系之外,根据本地实际,积极探索,推进理念、手段、方法的创新。

更新创建理念

民族团结进步创建活动要树立人文化的理念,人文化的核心是"以人为本、打动人心"。习近平总书记指出"民族团结说到底是人与人的团结。做民族团结重在交心,要将心比心,以心换心"。以人为本,就是充分照顾到不同民族的心理特点,以群众喜闻乐见的方法开展活动,切实尊重少数民族宗教信仰和风俗习惯。把创建活动与帮助少数民族和民族地区加快发展结合起来,与解决各族职工切身利益问题结合起来,切实给各族群众带来实惠。打动人心,就是通过优秀的文艺作品,展示各民族群众共同奋斗,在建设"绿色乌审"过程中凝结的民族团结的美好情感。如以乌审旗毛乌素沙地治理为主题,肖亦农编写了报告文学《毛乌素绿色传奇》,该著作于2012年荣获中宣部"五个一工程奖",2014年获第六届鲁迅文学奖报告文学奖,鼓舞了乌审旗各族干部群众。只有春风化雨、润物无声,才能走进各族群众的心田。

拓展创建载体

打造实体化的载体是民族团结进步创建活动的重要内容。2014年,国家民委出台文件,推动民族团结进步创建活动进机关、企业、社区、乡镇、学校、寺庙。乌审旗结合本地实际,把"六进"扩展到更广的范围:在进机关、进企业、进社区、进乡镇、进学校、进寺庙的基础上,推进民族团结进步创建活动进园区、进军营、进医院、进家庭等,不断拓展创建活动的覆盖面和纵深度。

创新创建手段

在互联网和大数据时代,民族团结进步创建活动离不开新技术、新媒体的运用,为了适应年轻人、适应微信时代,充分利用"学习强国""学习讲堂"平台,建立民族团结进步教育专门网站、微信公众号、手机APP、客户端等,打造网上文化交流共享平台,运用大数据技术促进民

族团结进步工作。利用新媒体技术制作一批民族团结进步优秀网络文化作品、公益广告、微电影等,唱响互联网平台民族团结进步主旋律。运用大数据技术做好涉及民族因素舆情监测、分析、评估工作,加快民族工作网评员队伍建设,正确引导涉及民族因素的舆论舆情。只有紧跟时代步伐,才能不断提高创建活动的关注度和号召力。

五、弘扬民族文化 凝聚文化认同

习近平总书记指出,文化认同是最深层次的认同,是民族团结之根、民族和睦之魂;加强中华民族大团结,长远和根本的是增强文化认同,要把建设各民族共有精神家园作为战略任务来抓。

传承少数民族传统文化

乌审旗少数民族文化多姿多彩,是中华文化的重要组成部分。既有国家级重点文物遗存萨拉乌苏文化遗址和"独贵龙"运动旧址,也有诸如蒙古族祝赞词、蒙古族口头诗、蒙古族短调民歌、顶碗舞、筷子舞、查玛舞、乌审雅西乐雕刻、马海制作等非物质文化遗产,还有萨冈彻辰祭祀、十三阿塔天神祭祀、察干苏勒德祭祀和木华黎祭祀等珍贵的地方特色传统祭祀仪式。陶尔庙嘎查获评"第二批中国少数民族特色村寨"。在乌审旗,还有不少拥有这种淳朴厚重的历史风貌和文化特色的村寨。在促进村镇经济发展的同时,保护好这些村寨使其成为各民族安居乐业的家园和热土,成为承载乡愁、安放心灵、传承文明的故乡。

推广使用蒙古语言文字

语言是文化的载体,学习使用国家通用语言文字,是现代国家每个公民的权利和义务,也是增强共同体意识的前提。汉族学习少数民族语言文字,同样值得鼓励。乌审旗各级党委和政府非常重视民族语言文字的发展和应用。从 20 世纪 50 年代开始,乌审旗委和旗政府大力号召积极组织机关汉族干部职工利用业余时间学习蒙古语。有不少人已经达到会说会念的程度,对于开展牧区工作,增强民族团结,发挥

第六章　民族团结进步创建的经验与启示

那达慕大会

了积极作用。从 1979 年开始,全旗每 3 年召开一次全旗民族团结进步暨学习使用蒙古语文模范集体和个人表彰大会,充分利用"一报一台两微两网"平台,对先进典型进行宣传报道。从 1981 年起,对一些镇区单位的牌匾、印鉴、公章、文件头、会标、车牌等使用蒙汉两种文字进行对照普查。后来由旗委、政府、人大、政协牵头组织相关单位进行市面使用蒙文情况普查,纠正了不使用蒙文或乱写滥用的不规范做法。

(三)繁荣少数民族文化事业

乌审旗坚持将繁荣发展少数民族文化作为开展民族团结进步创建活动的重要载体,定期组织举办民族文艺会演和少数民族传统体育运动会,特别是利用节庆活动如世界烤全牛大会、马兰花旅游文化节、乡村文化旅游美食节、冰雪旅游文化节等开展民族团结进步创建活动。全旗拥有艺术表演团体 27 个,其中专业文艺团队 2 个(乌兰牧骑、马头琴乐团),文化馆(包括群众艺术馆)1 个,公共图书馆 1 个。电视

转播台 7 座,有线数字电视用户 33747 户,广播电视覆盖率达 98%。加强民族文化展示和交流是乌审旗多年来形成的传统,乌兰牧骑、马头琴交响乐团赴德国、法国等地交流演出,以厚重的草原文化奏响和谐的友谊音符。认真贯彻落实全国少数民族文化工作会议精神和《内蒙古自治区人民政府关于进一步繁荣发展民族文化事业的决定》,开展"数字文化走进蒙古包"工程建设和"三下乡"、敖伦胡日呼文艺集会、文化独贵龙展演等活动,繁荣了基层文化生活,畅通了基层公共文化服务"最后一千米"。各民族文化繁荣的过程成为各民族相知、相亲、相惜的过程,成为民族团结的润滑剂、催化剂、黏合剂,不断丰富少数民族精神文化生活,增强民族凝聚力向心力。

六、加强典型培养　扩大示范效应

争创和表彰民族团结进步模范,是民族团结进步创建活动的重要载体。乌审旗广泛开展创建民族团结进步模范单位和先进个人活动,培养一大批为民族团结进步事业做出突出贡献的模范。榜样的力量是无穷的,他们充分发挥了示范带动作用,影响力和辐射力不断扩大。

实事求是,精挑细选

秉持真实可信、群众认可、特点突出、兼顾全面的原则,乌审旗在开展民族团结进步创建活动中挑选实实在在有贡献的单位和个人树立典型。既树立取得全面成绩的典型,又树立取得单方面突出成绩的典型,前者如机关单位负责人、嘎查村负责人,后者如医生、教师、机关单位一般工作人员;既在那些已经获得过国家、自治区、市级的民族团结先进个人中挑选,也在创建活动中新涌现出的先进个人中挑选;既树立单位、集体典型,如国家税务局乌审旗税务局、乌审旗蒙医院,又树立个人典型。各部门、各单位也可以在发现、培养和树立一批本级典型的基础上,适时向上级机关推荐本地区、本单位、本部门比较优秀的典型,同时提倡社会团体、各族群众推荐典型,努力营造典型竞相涌现的社会环境。

重视培养,广泛宣传

加强调查研究,切实掌握先进典型的资源情况,并有针对性地制定典型培养和宣传规划,明确工作目标和措施。主动与列入典型培养规划的地区、部门、单位和个人保持密切联系,进行重点培养;采取多种形式,为典型提供学习和培训的机会,使典型不断进步,不断提高,永葆先进。做好典型事迹的总结工作,深入基层,认真调查研究,做到案例具体鲜活,见人见物见思想。调动和利用各种媒体资源,形成多层次、全方位宣传、推广典型的格局,在全社会形成尊重典型、学习典型、争当典型的良好氛围。

团结崛起的乌审

第二节　乌审旗民族团结进步创建成功的启示

民族团结进步创建活动历史悠久,发端于20世纪50年代吉林省延边朝鲜族自治州的民族团结宣传月,至今已经走过了60多年的历程,内蒙古自治区1983年决定开展民族团结进步创建活动,从那时起,乌审旗继承各民族"手足相亲、守望相助"的优良传统,各民族人民在"共居、共学、共事、共乐"中交往、交流、交融,在"相互了解、相互尊重、相互包容、相互欣赏、相互学习、相互帮助"中"像石榴籽那样紧紧抱在一起"。

在民族团结进步活动创建过程中,乌审旗始终坚持"中华民族一家亲,同心共筑中国梦"总目标,始终坚持"建设小康同步、公共服务同质、法治保障同权、民族团结同心、社会和谐同创"总任务,始终坚持"人文化、大众化、实体化"总要求,创建活动内涵不断深化,创建活动形式不断丰富,各族群众幸福感、获得感不断增强。2018年,乌审旗被命名为"全区民族团结进步创建活动示范旗",总结乌审旗民族团结进步创建成功的经验,无论是为了创造民族团结更大的辉煌,还是提供可复制、可借鉴的经验,面向未来,都具有很多深刻的启示。

一、党的领导是民族团结进步的根本保证

习近平总书记指出:"民族工作能不能做好,最根本的一条是党的领导是不是坚强有力。中国共产党的领导是民族工作成功的根本保证,也是各民族大团结的根本保证。没有坚强有力的政治领导,一个多民族国家要实现团结统一是不可想象的。只要我们牢牢坚持中国共产党的领导,就没有任何人任何政治势力可以挑拨我们的民族关系,我们的民族团结统一在政治上就有充分保障。"乌审旗历届党委、政府始终把民族团结工作摆在全局工作的重要位置,坚定不移走中国特色解决民族问题的正确道路,牢牢把握各民族"共同团结奋斗、共同繁荣发展"主题,不断加强和改进民族工作,全旗民族团结进步各项事业才取得令人瞩目的成就。

吉仁海拉苏文化"独贵龙"

重视基层党组织建设。各族群众对党和政府最直观的感受来自身边的党员、干部,来自常打交道的基层组织和基层政权。民族地区要重视基层党组织建设,加强干部作风建设,使之成为团结一方、安定一方的坚强战斗堡垒。选派精兵强将,配强乡镇党政领导班子和村级党组织主要负责人,对软弱涣散的基层组织要及时整顿。使每一名党员都成为维护团结稳定、促进共同富裕的一面旗帜。

培养民族干部队伍。各民族干部是影响民族团结的关键群体,各族干部间的团结合作是党的组织要求,民族地区的好干部要做到明辨大是大非的立场特别清醒、维护民族团结的行动特别坚定、热爱各族群众的感情特别真诚。大力培养选拔少数民族干部,习近平总书记指出,"做好民族工作,少数民族干部是重要桥梁和纽带。许多事情他们去办,少数民族群众更容易接受;关键时刻他们出面,效果会更好"。各级党委政府要加强少数民族人才、农村牧区实用人才和乡土科技人才培养,努力建设一支政治上跟党走、群众中有威望、工作上有实绩的少数民族干部人才队伍。对民族地区干部队伍要倍加关心爱护,对长期奋战在一线、把宝贵年华奉献给民族地区和边疆地区的各族干部,要给予特别关心。无论是少数民族干部还是汉族干部,都要以党和国家的事业为重、以造福各族人民为念,齐心协力做好民族团结工作。

二、经济发展是民族团结进步的物质基础

经济基础决定上层建筑,"发展是解决民族地区各种问题的总钥匙"。乌审旗认真贯彻落实中央、自治区关于加快少数民族发展的一系列决策部署,坚持稳中求进工作总基调,加快发展、夯实基础,不断提高民族地区发展水平。综合实力稳步提升,跃居中国西部百强县第7位、中国工业百强县(市)第51位。

加快产业转型升级步伐,深入推进供给侧结构性改革,落实扶持小微企业政策措施,推动资源型产业升级示范、提质增效。推动现代服务业配套融合、重点突破,二手车交易、电子商务、快递物流、家政外卖、教育培训等生活性服务业快速兴起。推动农牧业现代化、绿色化,鄂尔多斯细毛羊肉、无定河大米、巴图湾甲鱼荣获第18届中国绿色食品博览会金奖,乌审草原红牛被认定为地理标志产品,皇香苜蓿猪肉等3种农畜产品被认定为内蒙古名优特产品,促进民族特色产业蓬勃发展,不断增强民族地区发展的内生动力。大力推进基础设施建设和新型城镇化进程,乌兰陶勒盖镇获评"中国乡村振兴示范镇"。加强现代交通运输通道和能源输送通道建设,"十三五"时期,乌审旗交通运输以"科学规划、提升等级、完善路网、增加密度、打通出口"为重点,实现各苏木镇、工业园区到旗府嘎鲁图"半小时"通达。深入开展"美丽乡村"建设,出台乡村振兴战略实施意见,入选自治区田园综合体试点。正确处理经济发展与生态环境保护的关系,牢固树立"绿水青山就是金山银山"的理念,严格落实国家节能减排和环境保护各项规定,加强自然生态系统保护和修复,2018年空气优良率达到88%以上,被评为"全国生态文明标杆旗"。这些都为民族团结、各民族共同繁荣打下了坚实的基础,只有财政收入的稳步增长,才能加大对少数民族地区重大民生工程、基础设施建设、基本公共服务项目、生态保护工程的投入。

三、民生改善是民族团结进步的重要条件

民族团结进步创建工作只有实实在在地惠及群众,才能得到群众认可。各族群众的获得感,来自民生的改善。只有不断满足人民群众对美好生活的期待,围绕全面建成小康社会的目标,坚持以推进基本公共服务均等化为重点,抓住人民最关心最直接最现实的利益问题,尽力而为、量力而行,统筹解决好教育、就业、医疗、养老、住房、社会保障等重大民生关切,增进群众福祉,促进民族团结。

习近平总书记在云南调研时指出,要坚持"各民族都是一家人,一

家人都要过上好日子"的信念,树立"全面建成小康,一个民族都不能少"的决心,乌审旗一直坚持把民族团结进步创建活动与促发展、惠民生结合起来,近年来因地制宜推出一些务实举措,切实为少数民族群众解难事、办实事、做好事,不断提高各族群众的幸福指数。十八大以来的五年,累计减少贫困人口10538人,为752户生活特别困难群众兜底建房,其中少数民族574户,建立城市生活困难少数民族群众帮扶机制。新增城镇就业11940人,开发公益性岗位400个,委培高校毕业生501人,发放就业创业贷款9671万元,建成大学生创业园和农牧民返乡创业园。新建迁建改建第三实验小学、蒙古族幼儿园等24所学校,办学条件极大改善;推进名师梯队建设工程,教师绩效工资足额兑现,招聘引进教师450名;民族教育保持全市领先水平;通过国家义务教育发展基本均衡旗验收。积极推进医药卫生体制改革和公立医院改革,旗人民医院完成迁址,公立医疗机构新增病床157张,"全国基层蒙中医药工作先进旗"创建通过评审,成功创建自治区慢性病综合防控示范区,"健康乌审"建设水平明显提升。实施"4334"文化惠民工程,推进公共文化服务标准化建设,农牧民免费收看30套电视节目,城镇10分钟、农村2千米、牧区10千米公共文化圈基本形成。城乡居民低保标准分别由2012年每人每月500元、360元提高至每人每月584元、439元。城乡居民养老保险待遇分别由2012年每人每月450元、260元提高至每人每月580元、340元。城乡居民基本医疗保险参保率达97.5%。完成海流图庙等保护修缮,实施通路通电工程,基本解决了偏远地区少数民族出行和用电的问题。

四、改革创新是民族团结进步的不竭动力

时代在发展,社会在转型,尤其是进入21世纪以来,民族工作进入了习近平总书记强调的"五个并存"新常态,即改革开放和社会主义市场经济带来的机遇和挑战并存,民族地区经济加快发展势头和发展低水平并存,国家对民族地区支持力度持续加大和民族地区基本公共服务能力建设仍然薄弱并存,各民族交往交流交融趋势增强和涉及民族因素的矛盾纠纷上升并存,反对民族分裂、宗教极端、暴力恐怖斗争成效显著和局部地区暴力恐怖活动活跃多发并存。这"五个并存"的科学判断,指明了现阶段搞好民族团结事业面临的复杂环境和困难。原国家民委主任王正伟强调,"对于中国这个多民族的国家来说,民族团结犹如空气和阳光,受益而不觉,失之则难存"。因此民族工作需要与时俱进,民族团结进步创建工作更需要改革创新,扩面提质。进一步加大创新力度,推动创建工作多渠道、全方位、多姿多彩地开展起来。

针对城镇化进程加快、少数民族流动人口增多的情况,应该将着力点放在社区,推动建立相互嵌入的社会结构和社区环境,注重保障各民族合法权益。把创建活动有效融入社区建设,健全少数民族流动人口服务管理体系,合理引导组织少数民族群众的联谊组织、社会工作者队伍、志愿者队伍等各种社会力量参与创建工作,把社区建设成为各族群众安居乐业的幸福家园,让城市更好接纳少数民族群众,让少数民族群众更好融入城市。做好城市民族工作,重在服务、重在管理、重在包容、重在协调、重在引导。

针对新经济组织、新社会组织与新群体,要加强"滴灌式"宣传,创作更多优秀的少数民族影视剧和文化产品,宣传介绍各民族文化,增强其对文化多样性和民族特色的认知,加强和改进正面宣传引导,唱响民族团结进步主旋律,传播社会正能量,引领时代新风尚。

针对互联网时代网民和年轻人占大多数的情况,要拓展民族团结进步宣传教育网络空间。打造网上文化交流共享平台,扩大中国特色民族理论创新成果和中华优秀文化精神产品网上传播,促进各民族文化交流互鉴,把互联网空间建成促进民族团结进步、铸牢中华民族共同体意识的新平台。加强重点新闻网站、政务新媒体和民族语文网站

建设,加快网络评论体系和网络人才队伍建设,健全网络舆情管控引导机制,建设好网上各民族共同家园。

五、共识教育是民族团结进步的核心目标

在2014年召开的中央民族工作会议上,习近平总书记指出,"加强中华民族大团结,长远和根本的是增强文化认同,建设各民族共有精神家园,积极培养中华民族共同体意识",目的就是"要使各民族文化繁荣发展的过程,成为各民族相知、相亲、相惜的过程"。

加强中华民族共同体教育,就是要"找准民族团结进步创建与社会心理的契合点、与民族情感的共鸣点、与群众切身利益的结合点",深入发掘各民族团结奋斗、守望相助等"一起走过"的历史经验,生动展现各民族交往交流、共生共享等"一起生活"的现实经历,广泛宣传各民族共同繁荣发展、"一起实现"中华民族伟大复兴中国梦的美好愿景,增强各民族的情感联系、文化共性、心灵共鸣。中华民族各民族是一荣俱荣、一损俱损的命运共同体,在历史发展中逐步形成了你中有我、我中有你、谁也离不开谁的多元一体格局。中华民族和各民族的关系是一个大家庭和家庭成员的关系,各民族之间的关系是一个大家庭里不同成员的关系。教育引导各族群众特别是青少年知道自己是中华民族,清楚认识中国、中华民族、中华文化、中华文明和中国各民族之间的关系,树立正确的国家观、民族观、宗教观、历史观、文化观。坚持以社会主义核心价值观为引领,加强青少年思想政治教育,加大基层群众思想政治工作力度,大力弘扬以爱国主义为核心的民族精神和以改革创新为核心的时代精神,挖掘各民族文化的精神和价值,为培育和践行社会主义核心价值观提供更多文化养分,实现个人、社会、民族、国家价值观的内在统一。

铸牢中华民族共同体意识,必须以加强各民族交往交流交融为重要途径。首先正确处理差异性和共同性的关系,既要尊重差异、包容多样,也要正视共性、增进一体,"尊重民族差异而不强化差异,保持民族特性而不强化特性"。其次要创造各族群众共居、共学、共事、共乐的社会条件,利用好重要纪念日、民族传统节日、重大节庆活动和文化体育赛事等重要节点,着力促进各民族交往交流交融。通过一系列的宣传教育和实践举措,引导各族干部群众像爱护自己的眼睛一样爱护民族团结,像珍视自己的生命一样珍视民族团结。

培育中华民族共同体意识,应该实施中华优秀传统文化传承发展工程,推动中华优秀传统文化融入国民教育、道德建设、文化创造和生产生活,营造传习中华优秀传统文化的良好社会氛围。充分运用各类媒体、文艺作品、公益广告和群众性文化体育活动开展"中华民族一家亲,同心共筑中国梦"主题宣传,全方位、多渠道、广覆盖宣传中华文化。中华文化是各民族文化的集大成,认同中华文化和认同本民族文化并育而不悖。把尊重保护和弘扬各民族优秀文化与传承建设共享的中华文化有机结合起来,促进各民族文化事业和文化产业协调发展,提升文化保护传承水平,推动各民族文化交融、创新,推动中华优秀传统文化创造性转化和创新性发展。

六、依法治理是民族团结进步的制度保障

推进民族团结进步事业,是实现民族地区长治久安的关键。树立法治思维,运用法治方式对发展和巩固平等、团结、互助、和谐的社会主义民族关系具有重要意义。

依法实践民族区域自治。习近平总书记明确指出,"民族区域自治是党的民族政策的源头和根本,所有民族自治地方都是在党的统一领导下全国各民族人民共同拥有的地方,民族区域自治,既包含了民族因素,又包含了区域因素,民族区域自治不是某个民族独享的自治,民族自治地方更不是某个民族独有的地方"。《民族区域自治法》作为基本法,赋予民族自治地方的自治机关有广泛的自治权,各民族自治地

团结崛起的乌审

夏日的萨拉乌苏

方结合本地发展实际,依法实践相关自治权。全面贯彻落实宪法和民族区域自治法,坚持用法律规范民族关系,依法保障各民族公民合法权益。实施区域自治的民族担负着维护国家统一、民族团结的更大责任。

依法处理影响民族团结的问题。由于种种原因,影响民族团结的问题依然存在。在开展民族团结进步创建活动中,要依法依规及时、妥善处理影响民族团结问题。处理影响民族团结的问题,要高举维护人民群众根本利益、维护祖国统一、维护民族团结的旗帜。要严格区分和正确把握不同性质的矛盾,坚持具体问题具体分析,是什么问题就按什么问题处理,不能把与民族关系无关的问题归入民族问题。坚持法律面前人人平等，坚决反对和纠正针对特定民族成员的歧视性做法。凡属违法犯罪的，不论涉及哪个民族，都要坚决依法处理。对人民内部矛盾，要采取教育、疏导、化解的办法来解决；对极少数蓄意挑拨民族关系、破坏民族团结的违法犯罪分子，则要坚决依法打击。

依法治理各民族事务。依照民族工作法律法规体系，依法保障各民族公民合法权益。积极发挥自治条例和单行条例在调节民族关系和规范相关行为中的作用，发展繁荣少数民族语言文字，保障各民族公民宗教信仰自由、保持或改革民族风俗习惯的自由。在法律范围内、法治轨道上自主安排、管理、发展经济建设事业，自主发展教育、科技、文化等社会事业。加强蒙汉双语司法队伍建设，不断提高蒙汉双语"12348"法律平台和"草原110"服务水平。畅通少数民族流动人口合法表达利益诉求渠道，完善矛盾纠纷排查机制，定期召开专题会议研究部署民族团结和社会稳定工作，加快构建源头治理、动态管理和应急处置相结合的社会治理体系，严防发生突发性、群体性事件。"只有树立对法律的信仰，各族群众自觉按法律办事，民族团结才有保障，民族关系才会牢固。各族干部群众都要增强法律意识，谁也没有超越法律的特权"。

七、系统建构是民族团结进步的创建方式

民族团结进步创建是一项系统工程，"它不仅仅是一项活动、一个抓手，更是一种理念、一种价值观，要真正融入到各部门各行业各领域工作中去，体现在时时处处事事"。从测评目标的体系上看，涉及民族团结宣传教育、民族地区经济振兴、社会事业全面提升、民族地区文化繁荣、少数民族人才培养、民族政策法规落实、宗教事务依法管理、社会治理创新等诸多领域；从创建主体来看，涉及党委、政府、职能部门、社区、乡镇、企业、社会组织、医院、学校、寺庙、军营、个人等集体和个人；从创建的体制机制上看，需要健全完善组织协调、系统推进、监督

检查、考核评价、条件保障等;从宣传教育的常态化要求看,需要把民族团结教育贯穿到国民教育、干部教育、社会教育全过程中去,构建课堂教学、社会实践、主题教育多位一体的教育平台。

由此可见,民族团结进步创建工作不是单打独斗,需要高瞻远瞩,统筹规划,把维护民族团结作为民族工作的生命线工程来谋划,坚持围绕中心、服务大局,坚持广泛动员、全员参与,将民族团结进步创建工作纳入经济社会发展总体规划,纳入全面从严治党工作中,以"永远在路上"的精气神,把智慧和力量凝聚到促进民族团结、共建美好家园上来。

小 结

乌审旗的民族团结具有深厚历史渊源。自古以来,乌审旗便是农耕经济与游牧经济交错的地方,是多民族交汇的地方。刀光剑影难免,但民族交往交流交融始终是主流,在相互吸引、碰撞和融合中,形成了色彩斑斓的民族文化与地域风情。昭君出塞在这里留下了倩影,赫连勃勃在这里建立了都城,突厥人在这里喂马放羊,通贡和互市密切了贸易往来,走西口加强了蒙汉交流。20世纪初,乌审旗的革命抗争,成为中国共产党民族政策最早的试验田。1949年以后,乌审旗成为民族区域自治制度和民族团结政策实践的典范。1968年,一批年轻人为了响应"上山下乡、支援边疆"的号召,从秦淮河畔来到毛乌素沙海,他们在农村牧区少则三年,多则十几年,甚至有些知青将一生"留守"在了乌审旗,心系草原,扎根草原,奏响了动人的民族团结进步的交响曲。

2019年是中华人民共和国成立70年,也是内蒙古自治区成立72年,70年来,在中国共产党的坚强领导下,在民族区域自治政策的光辉照耀下,草原儿女心向党,艰苦创业,团结奋斗,"牧区大寨精神"生生不息,毛乌素谱写绿色传奇,乌审旗旧貌换新颜。四十载改革建设,各族群众在平等团结中守望相助,在民族大家庭中手足相亲。走进新

第六章　民族团结进步创建的经验与启示

宝日勒岱(前排左一)和各族群众共同讨论乌审召种树问题

时代,党的十九大报告指出:"全面贯彻党的民族政策,深化民族团结进步教育,铸牢中华民族共同体意识,加强各民族交往交流交融,促进各民族像石榴籽一样紧紧抱在一起,共同团结奋斗、共同繁荣发展。"船的力量在帆上,人的力量在心上。各民族群众手拉手、心连心,心往一块想,劲往一块使,乌审旗民族团结进步的马兰花一定会越开越艳!

后记

2018年12月,国家民族事务委员会授予乌审旗"全国民族团结进步创建示范旗"光荣称号。

鄂尔多斯学研究会荣幸地接受中共乌审旗委员会统战部委托,承担研究"乌审旗民族团结进步创建示范旗"课题,在乌审旗同仁的鼎力支持下,课题圆满结项。

课题设计者为乌审旗委常委、统战部长阿拉腾图雅,鄂尔多斯学研究会会长奇海林,副会长杨勇;第一章乌审旗概况、第二章乌审旗民族团结的历史由鄂尔多斯博物馆副馆长、副研究员甄自明完成;第三章民族团结政策与实践由鄂尔多斯市委党校教研室副主任、讲师于妍完成;第四章民族团结典型引领由鄂尔多斯市委党校讲师牧兰完成;第五章民族团结先进事迹由鄂尔多斯市委党校讲师袁燕完成;第六章民族团结进步创建的经验与启示由鄂尔多斯市委党校教研室副主任、副教授钱格祥完成;图片由鄂尔多斯学研究会副会长王春霞提供。

课题运行过程中,得到乌审旗党政领导的关怀与支持,得到乌审旗统战部、民族事务委员会全体同志的大力支持与帮助,得到鄂尔多斯学研究会首任会长奇·朝鲁先生的关心和支持。

  课题完成后,得到学苑出版社的鼎力支持,得到内蒙古掌印文化科技有限公司的鼎力支持。

  在此,一并表示感谢。

  由于时间仓促,任务繁重,书中难免有不尽如人意之处,难免出现疏漏,敬请读者批评指正。

编 者
2020年6月30日